Fernando Azevedo
(Coord.)

Literatura para Crianças e Jovens
Da memória ao leitor

Fernando Azevedo
(Coord.)

Literatura para Crianças e Jovens
Da memória ao leitor

Braga
Centro de Investigação em Estudos da Criança
Instituto de Educação
Universidade do Minho

Título: **Literatura para Crianças e Jovens. Da memória ao leitor**

Coordenação: Fernando Azevedo

Edição: Centro de Investigação em Estudos da Criança, Instituto de Educação, Universidade do Minho
                    Braga (Portugal)
                    http://www.ciec-uminho.org/

Coleção: Estudos Literários, 3

ISBN: 978-972-8952-38-9

Depósito legal: 401992/15

Data: 2015

Índice

Introdução

A literatura lida por crianças e jovens encontra as suas raízes nos contos transmitidos e partilhados oralmente nas comunidades rurais. Esses textos, usualmente com uma estrutura relativamente simples e onde eram bem visíveis as dicotomias entre o bem e o mal, o positivo e o negativo, o eufórico e o disfórico, comportavam importantes e não negligenciáveis dimensões axiológicas.

Este volume reúne contribuições de especialistas nacionais e estrangeiros das áreas da Literatura Infantil, Literatura Juvenil e do Imaginário Educacional.

No primeiro capítulo, intitulado *A Hermenêutica Simbólica nas Narrativas de Tradição Oral de Alexandre Parafita,* Ana Maria Pereira e Fernando Azevedo analisam a obra do autor transmontano, à luz dos ritos de iniciação e simbolismo. Os autores concluem que estas narrativas apresentam à criança uma realidade desconhecida e que, de certa forma, ajudam-na a desvendar esse mundo, revelando e mostrando o caminho mais seguro a seguir. Todas as narrativas têm um objetivo comum que é o de conhecer as dificuldades do mundo e formas de as ultrapassar, possibilitando ao leitor refletir sobre experiências de vida.

No segundo capítulo, Alberto Filipe Araújo e Joaquim Machado de Araújo perscrutam a identidade de Pinóquio. Os autores asseveram que Pinóquio, apesar de ser um boneco com um corpo de madeira, com comportamento de criança traquina e esperta, desejava ardentemente transformar-se num rapazinho como todos os demais, e que esse processo de metamorfose ocorre depois de ele viver um conjunto de aventuras de tipo iniciático. Neste capítulo, os autores contam *As Aventuras de Pinóquio* num conjunto de vinte lições ao longo das quais a sua biografia será especialmente encarada a partir das transformações do seu corpo de vegetal, de animal e de rapaz, que retratam a sua trajetória na busca de uma nova identidade.

No terceiro capítulo, intitulado *Conhecimento e Autoconhecimento num conto de Clarice Lispector,* Ailton Fonseca e Luzia Enéas analisam um conto da conhecida escritora brasileira. Defendem os autores que, na sua obra, há a denúncia de que o homem moderno – dicotomizado e fragmentado – está, tragicamente, perdendo a força do diálogo com os demais e consigo mesmo e, com isso, vivendo a superficialidade das coisas que o cercam porque elas não encontram nele a profundidade que as façam ecoar.

No quarto capítulo, Jorge Passos Martins desenvolve uma hipótese hermenêutica no âmbito da obra *Eclipse* de Stephenie Meyer. Argumenta o autor que esta obra, com enorme sucesso a nível mundial e situando-se no âmbito daquilo que apelida como uma leitura *light*, contém um conjunto de valores fortemente eufóricos (como a fidelidade amorosa ou o desejo de felicidade eterna), aspetos que, em certa medida, explicam o seu sucesso junto dos leitores adolescentes.

No quinto capítulo, intitulado *Representações distópicas do futuro no âmbito da ficção científica*, Jorge Passos Martins, depois de elencar as principais obras e autores da ficção científica, analisa duas obras de potencial recepção leitora infanto-juvenil: *Os Jogos da Fome*, de Suzanne Collins, e *Três histórias do futuro, de* Luísa Ducla Soares. O autor argumenta que as duas obras apresentam visões premonitórias no que se pode transformar a sociedade no futuro, fundamentando-se nas inquietações que atravessam a sociedade atual.

2

O sexto capítulo, também de Jorge Passos Martins, é consagrado a um estudo sobre os géneros de cariz confessional, mais propriamente dito, o diário. O autor percorre a história do conceito e aborda as características do mesmo, concluindo o capítulo com uma reflexão sobre o seu papel no âmbito da prática educativa.

No sétimo capítulo, intitulado *Quem nos governa? A política na literatura para a infância*, Ângela Balça e Paulo Costa refletem sobre a aproximação dos valores políticos aos mais novos, analisando, para o efeito, duas obras de literatura infantil: "História do Reino Pintalgado", inserido na coletânea assinada por António Torrado e Maria Alberta Menéres sobre os desenhos de Amadeo de Souza-Cardoso, e *A ilha*, de João Gomes Abreu e Yara Kono.

No último capítulo, intitulado *El teatro infantil y juvenil en español en la escuela y el desarrollo de las competencias lectora y literária*, Moisés Selfa Sastre propõe seis obras do género dramático para trabalhar o desenvolvimento das competências leitora e literária na escola. O autor advoga que o teatro contém potencialidades muito relevantes para o trabalho didático na escola, em geral, e para a Educação Básica em particular. O teatro abre à criança as portas do conhecimento cultural, da sensibilidade estética, da reflexão, da capacidade de se emocionar e divertir, no fundo, de compreender diferentes visões e realidades da vida e do mundo que o rodeia.

CIEC, Instituto de Educação, Universidade do Minho, 2015
Fernando Azevedo

A Hermenêutica Simbólica nas Narrativas de Tradição Oral de Alexandre Parafita [1]

Ana Pereira
Fernando Azevedo
CIEC, Universidade do Minho

Introdução

Mitos, lendas, contos e fábulas fazem parte de muitas culturas, tratando-se de narrativas inicialmente orais, e que mais tarde foram fixadas pelos escritos, apresentam um número considerável de variações. O caráter diegético dos contos e das lendas, tal como o mito, comporta elementos mágicos e despropositados do ponto de vista da coerência e das vivências do dia-a-dia. As fábulas incluem o caráter temperamental dos seres humanos, nomeadamente os seus vícios, as suas virtudes e a sua moral (Parafita, 2008a). Estes elementos, presentes nas narrativas

[1] *Este trabalho foi financiado por Fundos Nacionais através da FCT (Fundação para a Ciência e a Tecnologia) no âmbito do projeto* UID/CED/00317/2013

Pereira, A. & Azevedo, F. (2015). A Hermenêutica Simbólica nas Narrativas de Tradição Oral de Alexandre Parafita. In F. Azevedo (Coord.), *Literatura para Crianças e Jovens. Da memória ao leitor* (pp. 5-58). Braga: Centro de Investigação em Estudos da Criança / Instituto de Educação. ISBN: 978-972-8952-38-9 de Alexandre Parafita, em acontecimentos narrados, cenários ou personagens adquirem sentido devido à sua natureza simbólica. As narrativas sugerem leituras atentas a pormenores e remetem-nos para um mundo fantástico e rico em simbolismo. Identificamos nas personagens principais dos contos personificações do homem transmontano. Relatam as duras condições de trabalho a que estavam sujeitos e revelam a sua impotência para a melhoria das condições de vida. Expressam ritos que fazem parte da tradição popular transmontana, transportando o domínio do maravilhoso e do sobrenatural. Os seres sobrenaturais que ilustram grande parte da literatura popular transmontana são representações ilusórias de seres que o imaginário coletivo "criou num contexto marcado pela relação com o misterioso e o inexplicável, que caracteriza a vivência do povo na sua relação com a terra e da natureza" (Parafita, 1999: 62).

Neste artigo tecemos alguns apontamentos sobre o autor, as narrativas de tradição oral e a iniciação e o simbolismo. Centramos a reflexão nas leituras que efetuamos em torno das narrativas de Alexandre Parafita selecionadas para este estudo e nas suas implicações educativas. A análise hermenêutica constitui-se como uma ferramenta que nos permite a interpretação das narrativas, conferindo aos diversos fenómenos socioculturais, pela via da interação, o entendimento do mundo. O conhecimento é o produto de um construir interpretativo surgindo pela necessidade de atribuir sentido às expressões em análise.

O autor e a obra

Alexandre Parafita tem-se dedicado a recolher e compilar, direta e indiretamente, narrativas que preservam a voz do conto popular. O autor não se limita a transcrever as narrativas que ouve da boca dos informantes, perdidos em lugares recônditos da

6

ruralidade transmontana e alto duriense. Ele analisa, compara e sistematiza conceitos subjacentes ao fenómeno da literatura popular de tradição oral. Alexandre Parafita, para além de estudar as narrativas no âmbito da filologia e da antropologia, também as aborda no campo da educação. O autor, nas antologias publicadas revela as suas fontes de recolha, as origens das narrativas e apresenta-nos diferentes versões, tendo, desta forma, o leitor acesso ao nome e idade de quem conta, local da recolha (aldeia/vila, concelho) e o respetivo ano da recolha. Estas recolhas e compilações publicadas preservam a identidade cultural, a genuinidade e a memória oral das gentes transmontanas e alto durienses uma vez que o autor procura "recontar o enunciado proposto pelo narrador, fazendo incidir sobre ele, conforme as necessidades, ligeiros ajustes convencionais, mas sem afetar grandemente o seu potencial etnolinguístico" (Parafita, 2001a: 43-44). Entre a vasta obra de Alexandre Parafita destacamos, no domínio da Literatura oral tradicional, os livros cujos títulos apresentamos de seguida, uma vez que integram narrativas que foram objeto de estudo neste trabalho de investigação:

- *A Comunicação e a Literatura Popular* (Parafita, 1999)
- *O Maravilhoso Popular. Lendas, Contos e Mitos* (Parafita, 2000a)
- *Antologia de Contos Populares*, Vol.1 (Parafita, 2001a)
- *Antologia de Contos Populares*, Vol. 2 (Parafita, 2002)
- *A Mitologia dos Mouros* (Parafita, 2006a)
- *Património Imaterial do Douro: Narrações Orais*, Vol.1 (Parafita, 2010a)
- *Património Imaterial do Douro: Narrações Orais*, Vol. 2 (Parafita, 2010b)

- *A Antropologia da Comunicação Ritos – Mitos – Mitologias* (Parafita, 2012)

No livro *A Comunicação e a Literatura Popular,* o autor reflete sobre questões ligadas à Literatura Popular e defende o conceito de "literatura popular de tradição oral" assumindo-o de uma forma clara. Para a afirmação desta terminologia o autor apoia-se nas ideias de Vladimir Propp, Lévi-Strauss, Roland Barthes e Bruno Bettelheim e em reflexões em torno de conceitos ambíguos e inconclusivos apresentados por outros investigadores. Nesta obra Parafita clarifica e argumenta os valores que a cultura popular acolhe, dando-nos uma panorâmica sobre a importância da oralidade, na construção da memória social. Nos livros *Antologia dos contos populares* (dois Volumes) Parafita (2001a, 2002) apresenta-nos achegas para um estudo dos contos populares e faz uma reflexão em torno da necessidade da delimitação dos géneros dos textos por ele recolhidos, esclarecendo aspetos relacionados com o género *conto popular.* Reflete ainda sobre a estática, estética e ética dos contos, bem como sobre a sua multidisciplinaridade e o modelo de classificação de acordo com a perspetiva de Aarne e Thompson. Categoriza as narrativas recolhidas segundo este modelo, incluindo-as em quatro grupos que compõem os volumes da Antologia: 1.º Volume – contos propriamente ditos: contos religiosos, contos novelescos, contos de fadas e contos do demónio estúpido; 2.º Volume - contos jocosos e divertidos: contos de padres, contos obscenos, contos de mulheres de mau génio, comilonas, preguiçosas e linguareiras, contos de doidos e de avarentos, contos de galegos e de povos vizinhos e rivais e contos de crítica de usos e costumes, etc. *O maravilhoso popular. Lendas, contos e mitos* reúne um conjunto de narrativas de almas penadas, bruxas, diabos, fadas, lobisomens, morte, mouras encantadas, olharapos e trasgos - seres que atormentam, divertem e instruem as gerações e as comunidades por onde vão passando; *A mitologia dos mouros* debruça-se sobre o enigma acerca da figura dos mouros; *A antropologia da comunicação ritos - mitos – mitologias* destaca o património imaterial transmontano, através de uma abordagem pluridisciplinar, dando grande ênfase ao teatro popular, ritos cristãos e pagãos, folclore obsceno, mitologia popular, simbologia sexual e diabólica em monumentos religiosos, lendas de mouros, lobisomens, trasgos e olharapos, entre outras manifestações. Os volumes I e II intitulados *Património imaterial do Douro* apresentam recolhas e compilações das narrações orais acompanhadas de um estudo teórico-metodológico e interpretativo desse património. Parafita, para além das obras mencionadas, publicou outros trabalhos no âmbito da literatura. Na década de 90 do século XX, Alexandre Parafita começou a escrever para a infância. Algumas das histórias que escreve e publica têm a sua origem nos contos populares que ele recolheu, embora com sinais de literariedade atribuídos pelo autor, nomeadamente:

- *A lenda da princesa marroquina* (Parafita, 1995)
- *A princesinha dos bordados de ouro* (Parafita, 1996a)
- *O segredo do vale das fontes* (Parafita, 1996b)
- *Histórias de Natal contadas em verso* (Parafita, 2000b)
- *As três touquinhas brancas* (Parafita, 2000c)
- *Branca Flor, o príncipe e o demónio* (Parafita, 2001b)
- *Diabos, diabritos e outros mafarricos* (Parafita, 2003a)
- *Bruxas, feiticeiras e suas maroteiras* (Parafita, 2003b)
- *O conselheiro do rei e outras histórias de tradição oral* (Parafita, 2004)
- *Histórias de arte e manhas* (Parafita, 2005)
- *Histórias a rimar para ler e brincar* (Parafita, 2006b)
- *O rei na barriga e outras histórias da tradição oral* (Parafita, 2007a)
- *Memórias de um cavalinho de pau* (Parafita, 2007b)
- *Vou morar no arco-íris* (Parafita, 2007c)
- *Lobos, raposas, leões e outros figurões* (Parafita,

2008a)
- *Pastor de rimas* (Parafita, 2008b)
- *O tesouro dos maruxinhos mitos e lendas para os mais novos* (Parafita, 2008c)
- *Contos ao vento com demónios dentro* (Parafita, 2009a)
- *Ardínia, a moura que morreu por amor* (Parafita, 2009b)
- *A mala vazia e algumas histórias de tradição oral* (Parafita, 2010c)
- *Contos de animais com manhas de gente* (Parafita, 2010d)
- *Balada das sete fadas* (Parafita, 2011a)
- *Contos de animais como contaram aos pais dos nossos pais* (Parafita, 2011b).

Alexandre Parafita, ao publicar estes textos, está a legitimar a literatura de tradição oral como literatura para a infância. De realçar que grande parte destas narrativas integram as listas de obras recomendadas pelo Plano Nacional de Leitura e alguns dos manuais escolares dos diferentes níveis de ensino.

Cada um destes livros guarda memórias da oralidade, presentificando e certificando criações onde coexistem acontecimentos e elementos de um plano divino ou metafísico, possíveis e impossíveis, reais e irreais, mas que se repetem ou anunciam, possuindo coerência e verosimilhança. Esta presença transcendental nas narrativas de tradição oral mantém a criança e o jovem envolvidos até ao final de cada uma delas. De facto, são esses acontecimentos e elementos identificados nestes textos que nos apropinquam do mito. No entanto, no dizer de G. Durand (1998: 97), o mito quando se tenta fixar "perde-se o seu conteúdo dramático". Refere o autor que, na maior parte das vezes, os estruturalistas fixam uma forma vazia que pode deixar de ter sentido. Contudo, "se se tentar colocar demasiadamente a tónica nos conteúdos, bloqueia-se nesse momento o aspeto sempiterno do mito, o aspeto da perenidade, e dispersa-se o mito em explicações evemeristas, acidentais, explicações ao mais puro nível do acontecimento histórico" (G. Durand, 1998: 97). Neste sentido, compreende-se que as narrativas de tradição oral, no decurso do processo transmissivo, e passando a fazer parte de uma semântica fixa, o seu fundo mítico passa a ser revelado de acordo com a capacidade criativa do contador e da pessoa que as recolheu. Percebe-se, desta forma, que o mito não desaparece mas desgasta-se, ou seja, no seu movimento temporal "existem períodos de intensidade e períodos de apagamento, de ocultação", sendo atribuído pelo excesso de conotação ou de denotação (G. Durand, 1998: 97). Daí que a leitura crítica das narrativas, ou seja, a mitocrítica (enquadrada no modelo hermenêutico), entendida como um exercício de análise de textos, que procura descobrir o que está oculto, mais concretamente o núcleo mítico, nos permita identificar nas narrativas de Alexandre Parafita arquétipos da iniciação presentes nas diversas mitologias.

Narrativas selecionadas e sua classificação

Os géneros literários agrupam diversidades de textos por classes de acordo com fatores que são variáveis, tais como a temática, a finalidade, a estrutura ou a forma. Silva (2011: 393) salienta que os géneros literários

> desempenham um importante papel na organização e na transformação do sistema literário. Em cada período histórico se estabelece um cânone literário, isto é, um conjunto de obras que são consideradas como relevantes ou modelares, em estreita conexão com uma determinada hierarquia atribuída aos diversos géneros.

Os géneros literários dividem-se em três grandes categorias: narrativa, lírica, dramática. Reis (2008: 246) diz que os géneros podem definir-se como

> categorias substantivas, representando entidades historicamente localizadas, quase sempre dotadas de características formais variavelmente impositivas e relacionáveis com essa sua dimensão histórica: são estas propriedades que reconhecemos em géneros literários do modo lírico como a écloga, a elegia, o ditirambo, o epigrama, o madrigal, o epitáfio, o hino, a ode, a canção, etc.; em géneros literários do modo narrativo como a epopeia, o romance, o conto, a novela, etc.; em géneros literários do modo dramático como a tragédia, a comédia, a farsa, a tragicomédia, o auto, etc.

Para que possamos enquadrar os textos de tradição oral na diversidade de géneros de literatura popular assumimos a posição de Alexandre Parafita (1999), ao considerar a proposta feita pelo investigador Hermann Baussinger. Alexandre Parafita, apesar de considerar que a delimitação defendida por Hermann Baussinger não satisfaz a totalidade do tipo de discurso apresentado nos textos recolhidos, carateriza-os de acordo com a proposta do referido autor. O investigador alemão Hermann Baussinger defende os seguintes géneros:

- Formas e jogos de língua – que inclui provérbios, ditos, adivinhas, lengalengas e outros jogos de palavras, orações, etc.;
- Formas narrativas – que inclui os contos, as lendas e os mitos;
- Formas dramáticas e musicais – que inclui teatro popular, as cantigas e os romances.

O sistema literário é considerado dinâmico e sistémico, abrindo a possibilidade de se assumirem novos géneros e subgéneros. Restringindo-nos agora ao género que nos interessa, neste caso o género narrativo, importa defini-lo e perceber como é entendido por alguns autores. Walter Burkert (2001), ao definir a narrativa como "uma forma de linguagem que é condicionada, na sua sequência característica, pela linearidade da linguagem humana e, na sua dinâmica, é veiculada pelo tipicismo da vivência do homem", relaciona-a com a realidade e a experiência de vida (Burkert, 2001: 18-19). O termo "narrativa" no âmbito da literatura contempla uma diversidade de transformações ideológicas ao longo dos tempos. Os contos populares definidos como narrativas geralmente curtas tanto "podem ser produto da imaginação individual, sem outro fim que não deleitar ou entreter, como podem ter uma função didática e ter a sua origem anónima e popular" (Parafita, 1999: 89). Os contos englobam um número significativo de narrativas com temas bastante diversificados. Para se entender melhor a diversidade temática dos contos tradicionais, Bastos (1999) refere que se torna vantajoso recorrer, em determinados aspetos, a uma classificação de índole temática. No entanto alerta para o facto de não existir homogeneidade nos critérios aplicados, pois umas vezes tem-se em atenção o tipo de personagem, outras o conteúdo, outras ainda o objetivo da narração ou a sua estrutura. Uma proposta de classificação é a de Cascudo (1984), que apresenta os seguintes géneros: contos de encantamento, contos de exemplo, contos de animais, facécias, contos religiosos, contos etiológicos, demónio logrado, contos de adivinhação, natureza denunciante, contos acumulativos e ciclo da morte. Entre outras, surge também a proposta de Sylvie Loiseau que, segundo Bastos (1999), agrupa os contos da seguinte forma: contos maravilhosos (contos de fadas e seus antinómicos, as bruxas, as feiticeiras, os ogres); contos de animais (colocam em cena animais como únicos protagonistas, ou como protagonistas); contos etiológicos (dão a explicação sobre a origem ou causa de determinados fenómenos ligados à natureza, sem preocupação de veracidade); contos faceciosos (contos para rir, em que a paleta do riso se pode alimentar de várias fontes – denúncia, vingança, troça, um piscar de olhos, sorriso); contos morais ou filosóficos (pretendem que se extraia deles uma lição ou uma reflexão sobre o homem e o mundo); contos acumulativos ou de repetição (histórias de encadeamento); contos de mentira (podem assumir duas variantes – a história ser em si uma mentira ou a mentira constituir um recurso actancial importante.

Antti Aarne e Stith Thompson, numa proposta datada de 1961, após uma revisão de outro trabalho de 1910, agruparam os contos segundo o enredo da narrativa e o tipo de personagens, ficando esta classificação denominada de "Aarne/Thompson", da qual constam quatro grandes grupos:

Quadro 1. Grelha de classificação de "Aarne/Thompson"

Grupos principais	Grupos secundários	Subgrupos/características
Contos de animais	Animais selvagens	Enredos que privilegiam personagens com animais. Estes contos estão muito próximos das fábulas.
	Animais selvagens e domésticos	
	Animais domésticos	
	Homem e animais selvagens	
	Pássaros	
	Peixes	
	Outros animais e objetos	
Contos de fadas propriamente ditos	Contos de fadas ou do maravilhoso	Com opositor sobrenatural (o herói enfrenta o oponente com poderes sobrenaturais).
		Contos com cônjuge sobrenatural ou enfeitiçado (o herói casa com alguém enfeitiçado ou parentes do herói vítimas de encantamento).

14

Grupos principais	Grupos secundários	Subgrupos/características
Contos de fadas propriamente ditos	Contos de fadas ou do maravilhoso	Tarefa sobrenatural (o herói tem que realizar uma tarefa sobrenatural).
		Adjuvante sobrenatural (o herói recebe ajuda de um terceiro com poderes sobrenaturais).
		Objeto mágico (o herói possui um objeto mágico para o desenrolar do enredo da narrativa).
		Poder ou conhecimento mágico (o herói recebe ou desenvolve uma capacidade sobrenatural).
		Outros elementos mágicos (mistura de elementos anteriores).
	Contos de fadas legendários ou religiosos (contos extraídos do âmbito da religião cristã).	Deus auxilia e castiga.
		A verdade vem à tona.
		O homem no céu.
	Contos de fadas novelísticos (contos de fadas em que o enredo se desenvolve em torno de outras circunstâncias que não o sobrenatural)	A mão da princesa é conquistada.
		O oponente domado.
		O rapaz (ou rapariga) esperto(a).

15

Grupos principais	Grupos secundários	Subgrupos/características
		Histórias de ladrões e ladroagens.
	Contos de fadas sobre o gigante, ogre ou diabo logrados (contos em que o protagonista – herói – recorre à astúcia e inteligência para enganar oponentes monstruosos).	Pacto de serviços a serem prestados.
		Tarefa realizada em conjunto com o diabo.
		Ogre mata os seus próprios filhos.
Facécias ou anedotas	Facécias sobre simplórios.	
	Facécias sobre casais.	Contos de fadas com traços jocosos, trocistas, divertidos, engraçados ou anedóticos
	Facécias com protagonista feminino.	
	Facécias com protagonista masculino.	
	Facécias sobre mentiras.	
Contos de fórmula	Contos cumulativos Contos acumulativos [caracterizam-se pela repetição sucessiva de uma mesma sequência (falas, ações, …) ao longo de todo o texto].	Contos enumerativos ou mnomotécnicos
	Contos com engano	
Outros		

Fonte: Adaptado de Aarne e Thompson (1987)

Esta proposta de classificação tem-se imposto e é a que, na opinião de Alexandre Parafita (2001a), melhor se adapta aos contos populares de tradição portuguesa, principalmente da tradição oral transmontana. Contudo Propp (1992) apontou algumas críticas ao trabalho publicado em 1910 e admitiu que agrupar os contos quer por categorias quer por assuntos não é tarefa fácil uma vez que um conto de uma determinada categoria pode incluir elementos de outra categoria.

Na obra *Morfologia do conto*, Vladimir Propp (1992) estudou os contos a partir das funções das personagens tendo-as considerado partes fundamentais. O autor propõe uma classificação sustentada na decomposição do conto no seu todo através da segmentação e da codificação. A análise centrou-se essencialmente em aspetos formais e estruturais dos contos com a intencionalidade de se conseguir definir modelos capazes de dar conta da diversidade de textos existentes. Na obra descreve-se um esquema narrativo que, no dizer de Walter Burkert (2001: 22), "pode designar-se por 'aventura' ou 'procura' ('quest'), como uma sequência de trinta e um elementos, 'funções'". O autor constatou que nos contos populares russos repetem-se personagens e ações com funções idênticas e que ocorrem em sucessão temporal de ações, sendo elas: afastamento, interdição, transgressão da interdição, interrogação, informação, engano, cumplicidade, malfeitoria, falta, mediação, início da ação contrária, partida, primeira função do doador, reação do herói, receção do objeto mágico, deslocamento no espaço entre dois reinos, combate, marca, vitória, reparação, volta, perseguição, socorro, chegada incógnito, pretensões falsas, tarefa difícil, tarefa cumprida, reconhecimento, descoberta, transfiguração, punição e casamento (Propp, 1992). Estas funções nem sempre se encontram visíveis em todos os contos, no entanto obedecem a um esquema sequencial que resumidamente pode ser descrito da seguinte forma:

> por perda ou por incumbência, surge a missão, um herói prepara-se para o seu cumprimento; parte, encontra oponentes e adjuvantes, consegue um talismã decisivo, coloca-se perante um oponente, vence-o, o que não raramente deixa marcas nele mesmo; obtém o que procurava, põe-se a caminho do regresso, liberta-se dos perseguidores, no final estão o casamento e a ascensão ao trono (Burkert, 2001: 22).

De acordo com Rodari (2006), um conto tanto pode começar pela primeira função como por qualquer outra, excetualizando essa constatação nas narrativas antigas, ou seja, "é difícil que dê saltos para trás, para recuperar as passagens esquecidas" (Rodari, 2006: 95).

Na procura de outros sentidos realizaram-se outras investigações que contestaram, defenderam, simplificaram ou apresentaram outras teorias. Um dos críticos à obra de Propp foi o antropólogo estruturalista Claude Lévi-Strauss que referiu que a multiplicidade de contos existentes, pensados desta forma se reduzia a um único. Contudo, Greimas sintetiza o modelo proppiano e reduz as 31 funções a um número bem menor, dando conta, de igual forma, de todas as transformações da narrativa. O semioticista, no dizer de Júdice (2005), estabeleceu "seis polaridades (adjuvante-oponente, sujeito-objeto, destinador-destinatário) que constituem o núcleo semântico do texto ficcional, desde o mais simples, como o conto de fadas, até ao mais complexo" (Júdice, 2005: 23).

Quanto ao *corpus* narrativo deste trabalho, ele constitui-se essencialmente por lendas e contos populares. Nas palavras de Parafita (1999), baseado no estudo de Francis Vanoye, as formas simples deste género narrativo contemplam geralmente "uma situação inicial (exposição e introdução, um corpo ou nó da ação (onde vigora a modificação ou compilação da situação inicial) e uma situação final (traduzida no restabelecimento da ordem ou na conclusão)" (Parafita, 1999: 107). No género narrativo popular, segundo Vanoye cit. por Alexandre Parafita (1999), pode encontrar-se o seguinte modelo estrutural:

1. ordem existente;
2. ordem perturbada;
3. ordem restabelecida.

Intervêm nestas ordens personagens do tipo:
– vítima (objeto da perturbação);
– vilão (sujeito da perturbação);
– herói (sujeito do restabelecimento da ordem).

Refere Parafita (1999) que este modelo contempla ainda a existência, eventual, de personagens secundárias, que são os adjuvantes (ajudam o herói e/ou a vítima) e os oponentes (ajudam o vilão nos obstáculos ao herói e /ou vítima).

Algumas das narrativas de tradição oral recolhidas por Alexandre Parafita, como já referimos, fazem parte das listas das obras recomendadas pelo Plano Nacional de Leitura. Estamos, portanto, a falar de literatura infantil e, por isso, não poderíamos deixar de referir o posicionamento de Azevedo (2006) quando assume que esta escrita não parece ser determinada "por um tema, género ou forma específica" (Azevedo, 2006: 21). Azevedo (2010: 12) considera que um dos traços que tem singularizado a literatura infantil

> tem sido a proposta de mundos possíveis onde, clara e explicitamente, se evidencia uma vitória dos valores do bem sobre os valores do mal, dos valores da justiça sobre os valores da injustiça, dos valores do amor sobre os do ódio, num ambiente de elevada carga afetiva e emotiva.

O autor acrescenta que quando não se verifica de modo evidente um "*happy end* consolador" os textos de literatura infantil propõem aos seus leitores a visão de um mundo com possibilidades de remissão.

Dentro das formas narrativas de tradição oral transmontanas, recolhidas pelo autor em estudo, existe um vasto conjunto de títulos, bastante diversificado do ponto de vista temático. Assim, torna-se possível "escolher" a narrativa mais adequada às necessidades momentâneas da criança, aquela que mais desperta a sua curiosidade, para que esta possa estimular a sua imaginação e desenvolver o seu intelecto. Grande parte dos títulos presentes nos livros do domínio da Literatura oral tradicional e da literatura para a infância de Alexandre Parafita foram lidas e selecionadas por nós e constituíram-se como objeto de análise e reflexão. As narrativas que selecionamos encontram-se inscritas no quadro seguinte.

Quadro 2. Grelha de narrativas selecionadas para o estudo

Títulos das narrativas	Género	Obras
O príncipe e a pomba branca	Contos de fadas ou do maravilhoso	Antologia de Contos Populares Vol.1
As três touquinhas brancas	Contos de fadas ou do maravilhoso	As três touquinhas brancas
Branca Flor o príncipe e o demónio	Contos de fadas ou do maravilhoso	Branca Flor o príncipe e o demónio
O pastor, o cutelo e o lobisomem	Contos de fadas ou do maravilhoso	Antologia de Contos Populares Vol.1
A morte madrinha	Contos de fadas ou do maravilhoso	Antologia de Contos Populares Vol.1
A promessa da comadre morte	Contos de fadas ou do maravilhoso	Antologia de Contos Populares Vol.1
A miséria e a morte	Contos de fadas ou do maravilhoso	Antologia de Contos Populares Vol.1
O moinho da maldição	Contos de fadas ou do maravilhoso	Conselheiro do rei e outras histórias
O diabo e as amêndoas	Contos do ogre e do demónio estúpido	Diabos, diabritos e outros mafarricos
O diabo e o ferreiro	Contos do ogre e do demónio estúpido	Conselheiro do rei e outras histórias
O menino de ouro	Contos de fadas ou do maravilhoso	Antologia de Contos Populares Vol.1
O gigante e o anão	Contos do ogre e do demónio estúpido	As três touquinhas brancas
Os gémeos e o olharapo	Contos do ogre e do demónio estúpido	Histórias de arte e manhas
A lenda do gigante do Marão	Contos do ogre e do demónio estúpido	O maravilhoso popular. Lendas, contos e mitos
Os piolhos da velha	Contos de fadas ou do maravilhoso	Antologia de Contos Populares Vol.1
A menina, a madrasta e a fada	Contos de fadas ou do maravilhoso	As três touquinhas brancas
Maria de Pau e o touro azul	Contos de fadas ou do maravilhoso	Antologia de Contos Populares Vol.1

Títulos das narrativas	Género	Obras
Os meninos da estrelinha de ouro	Contos de fadas ou do maravilhoso	Antologia de Contos Populares Vol.1
A moura e o cavaleiro cristão	Lenda	O maravilhoso popular. Lendas, contos e mitos
A moura do monte do piolho	Lenda	O maravilhoso popular. Lendas, contos e mitos
A pita-martinha, a raposa e o pito-grou	Contos de animais	Lobos, raposas, leões e outros figurões
A moura e o carvoeiro	Lenda	O maravilhoso popular. Lendas, contos e mitos
A moura da ponte da Aradeira	Lenda	O maravilhoso popular. Lendas, contos e mitos
O príncipe laragato	Contos de fadas ou do maravilhoso	Antologia de Contos Populares Vol.1
O príncipe cavalo	Contos de fadas ou do maravilhoso	Antologia de Contos Populares Vol.1
O pastor e a princesa	Contos de fadas ou do maravilhoso	Antologia de Contos Populares Vol.1
O pastorinho e a flauta	Contos de fadas ou do maravilhoso	O Rei na Barriga e outras histórias da tradição oral
O lobo, a velha e a cabaça	Contos de animais	Contos de animais com manha de gente

No ponto seguinte damos conta da análise efetuada às narrativas constantes do quadro, atendendo aos arquétipos presentes nos textos relacionados à iniciação e ao simbolismo.

A iniciação e o simbolismo nas narrativas de tradição oral

As narrativas sejam elas contos, fábulas, mitos ou lendas fazem parte do nosso património cultural, das memórias que consolidaram um percurso de sucessivas gerações, transmitindo-nos a magia e os rituais das tradições e valores históricos, fazendo-nos encarar o futuro à luz fecunda do passado.

Corroboramos as palavras de Azevedo (2006) quando refere que os textos de tradição oral contemplam símbolos que associados "a surpreendentes analogias não motivadas entre as palavras permitem concretizar uma arte que, em determinados momentos, se aproxima de uma certa cosmogonia e que, por essa sua dimensão mágica e, em larga medida, alquímica" propõe "outros sentidos que não aqueles que figuram o imediato e o utilitário" (Azevedo, 2006: 32). Na perspetiva do autor as lendas, mitos, fábulas e contos materializam uma visão insólita dos eventos, sendo

> frequentemente transgressora dos limites impostos pela racionalidade ou pelo conhecimento dos quadros de referência do mundo empírico e histórico-factual, permitem presentificar o Outro e mostrar que, graças à natureza simbólico-conotativa do mundo possível criado pelo texto, o Outro mantém uma comunhão íntima e dialógica com o Eu (Azevedo, 2006: 33).

No vasto universo das narrativas de tradição oral encontramos especificidades que caraterizam cada uma delas. O mito, como já referimos anteriormente, é, por exemplo, a expressão de um conhecimento primordial, conta uma história sagrada, relata feitos antigos de heróis que têm poderes sobrenaturais. Refere a presença de seres extraordinários, nomeadamente de deuses, divindades, semideuses e heróis, cujo comportamento é tido como exemplo de vida. Muitos mitos fundadores e civilizadores permanecem nos contos e lendas, onde a alquimia e os mistérios iniciáticos transportam em si significados à luz do simbolismo. As lendas relatam uma história anónima, geralmente contam factos alterados pela imaginação popular. São encaradas como acontecimentos históricos, religiosos ou outros que explicam a origem geográfica de lugares ou relacionados com fenómenos da natureza. Estas explicações apresentam algum fundo de verdade relativamente ao tempo e lugar em que ocorreram mas trata-se de histórias "modeladas pelo maravilhoso" (Reis & Lopes, 1987: 216).

Os textos de tradição oral, para além de registarem no seu contexto alguns vestígios de antigos mitos, aludem a símbolos e imagens de uma cultura, mobilizando a moral e os valores de uma época, possuindo ainda um conteúdo iniciático evidente. Grande parte desses textos, que circulam entre as gentes transmontanas, imprime hábitos e costumes da vida do campo, contemplando personagens de vária ordem. Em algumas narrativas surge(m) a(s) figura(s) de Deus, de Santos, de anjos e do Diabo, enquanto que noutras surgem as fadas, os príncipes e as princesas e ainda noutros animais. Muitos dos temas dos textos relacionam-se com a procura de uma identidade e a conquista da felicidade numa luta constante entre o bem e o mal. O herói perde-se num lugar misterioso, supera provas difíceis, enfrenta o perigo e sai ileso e dotado de poderes que não possuía inicialmente. Os mistérios da vida humana são abordados nos textos de tradição oral, exigindo por parte do leitor esforços na descoberta do derradeiro significado da vida. Passamos, agora, à observação das simbologias mais relevantes da obra de Alexandre Parafita para a compreensão dos sentidos escondidos nestas narrativas em estudo.

A temática da iniciação surge inserida em alguns títulos das obras de Alexandre Parafita. Assim, *Branca Flor, o príncipe e o demónio*, *O príncipe e a pomba branca* e *As três touquinhas brancas* remetem para a cor branca que, enquanto oposta à preta, é considerada uma das extremidades da gama cromática, significando "ora ausência, ora a soma das cores". Neste sentido, é colocado no "início da vida diurna e do mundo manifesto, o que lhe confere um valor ideal, assimptótico". Nestes títulos o branco *"candidus* é a cor do candidato", ou seja, "daquele que vai mudar a sua condição". Significa uma cor de passagem, sendo que, no mesmo sentido, nas histórias referidas, poderemos falar em ritos de passagem. É, por tal, a "cor privilegiada destes ritos, com as quais se operam as mutações do ser, segundo o esquema clássico de qualquer iniciação: morte e renascimento" (Chevalier & Gheerbrant, 1994: 128).

A iniciação significa para Mircea Eliade (1976) um "conjunto de ritos e de ensinamentos orais que implica a modificação radical do estatuto religioso e social do sujeito a ser iniciado", equivalendo, numa linha filosófica, a uma "mutação ontológica do regime existencial" (Eliade, 1976: 12) e revelando, a "cada nova geração um mundo aberto para o transhumano, um mundo transcendental" (Eliade, 1976: 277). Nos ritos de iniciação, tal como observa Eliade, o "branco é a cor da primeira fase, o da luta contra a morte" (cit. por Chevalier & Gheerbrant, 1994: 128-129). Por tal, numa aceção diurna, o branco, cor iniciadora, considera-se a "cor da revelação da graça, da transfiguração que deslumbra, ao mesmo tempo que desperta o entendimento e o ultrapassa" (Chevalier & Gheerbrant, 1994: 130).

Na maioria dos títulos de Alexandre Parafita encontramos a dualidade da vida humana expressa na coexistência de personagens que nos sugerem o bem e o mal. Transmitem-nos a ideia de que a individualidade de um ser é confrontada com a individualidade do outro, pois o antagonismo demarcado pelas personagens que formam os títulos sugere conflito. De sublinhar que o nome das personagens quase sempre dão título às narrativas. No desenvolvimento das narrativas em estudo assistimos a descrições de um processo iniciático que envolve heróis, lugares e ações dentro de um esquema de provas e sacrifícios bem como vilões representados pelas forças do mal.

Seres míticos temíveis e impulsionadores de confrontos

As figuras sobrenaturais que intervêm como personagens das narrativas que enquadramos neste tópico são várias, nomeadamente o diabo, os olharapos, os lobisomens, as bruxas,

24

os trasgos, a morte personificada e as almas penadas. Estes seres míticos causadores de males nem sempre são cruéis. Relativamente ao Lobisomem (ser híbrido de lobo e homem), Parafita (2000a) refere que apesar de se tratar de uma "criatura medonha, com a qual ninguém ousa encontrar-se" muitos consideram-no "um ser bom e inofensivo, que apenas cumpre um fadário com o seu próprio tormento" (Parafita, 2000a: 36). Entre as narrativas que evocam o lobisomem como personagem há as que o referem como um ser que come crianças indefesas enquanto corre o fado (*As três touquinhas brancas*). É possível ainda encontrar narrativas que denunciam formas de se quebrar o fado, ou seja que ajudam o lobisomem a reconverter-se na figura humana que assume durante o dia (*O pastor, o cotelo e o lobisomem*). O lobisomem simboliza o mal, o lado sombrio do Homem, pois como diz Alexandre Parafita, o lobisomem pode "ser considerado enquanto produto da fantasia popular, como uma tentativa de apresentar uma figura onde se conjuga a feracidade maléfica do lobo com as emoções, ora angustiosas, ora igualmente maléficas do homem" (Parafita, 2000a: 36).

Outra personagem que surge nas narrativas de tradição oral transmontanas é a morte, geralmente representada por uma figura feminina "com elevado sentido de justiça, cumpridora das promessas feitas" (Parafita, 2000a: 40). Apesar da ideia de justiça e resignação que a morte evidencia nas narrativas de Parafita a figura é temida e abominada por todos. Os contos de tradição oral, como afirma Carmelo (2011), explicam a necessidade da existência da morte. Os discursos das narrativas *A morte madrinha*, *A promessa da comadre morte* e *A miséria e a morte* de Alexandre Parafita têm presentes a ideia de que a morte é "um mal necessário, justiça última que iguala poderosos e oprimidos, próxima e familiar, 'madrinha' que vela à cabeceira" tendo ainda subjacente o desígnio de agressor preso comicamente no cimo de uma árvore (Carmelo, 2011: 61).

A figura do diabo também surge em diversas narrativas de Alexandre Parafita. Em muitos delas devido a uma simples invocação, como diz o povo "para encontrar o Diabo, não é preciso madrugar basta no seu nome falar". Esta força da natureza humana, no imaginário do povo apresenta-se com um "aspeto de anjo de feições pavorosas, corpo peludo, cornos de chibo, garras nas mãos e nos pés, rabo comprido e contorcido" podendo também apresentar o aspeto de "serpente, de anjo deformado com garras nos cornos ou numa mescla de figura humana e animal" (Parafita, 2000a: 26). Esta figura encontramo-la referida nas narrativas *Branca Flor, o príncipe e o demónio* e *O menino de ouro* em forma de homem vestido de negro "para melhor se aproximar daqueles que quer envolver na malha das tentações" (Parafita, 2000a: 26) ou sem qualquer tipo de descrição como *se verifica nas narrativas O moinho da maldição, O diabo e as amêndoas* e *O diabo e o ferreiro*. Esta personagem surge como um arquétipo do mal, assumindo diferentes papéis. O diabo sendo caraterizado pelas gentes humildes de Trás-os-Montes como o vilão, o impulsionador de todos os males, em alguns contos surge como uma figura prestável e atenciosa, oferecendo ajuda em troca de algo. Nas narrativas de Parafita encontramos muitos exemplos de personagens angustiadas, revelando "uma situação de precário equilíbrio económico" e, por tal, estabelecem com o diabo um contrato (Badescu & Romero, 2007: 6). A associação da figura do diabo ao tema da iniciação torna-se inevitável pelas conotações que lhe são atribuídas e pela dimensão simbólica que esta figura do mal envolve. As personagens dos contos procuram mudança ligada à insatisfação e o diabo cria condições de acesso rápido ao desejo, possibilitando a vida fácil e cómoda, contudo, sem princípios e valores.

Algumas das narrativas em análise evoca a figura do diabo que negoceia a vida dessas personagens insatisfeitas, com promessas e jogos de combate, concedendo-lhe os direitos sobre eles, caso o mal triunfe. O jogo, ao criar "oportunidades e riscos", determinado por regras, encontra vencedores e vencidos (Chevalier & Gheerbrant, 1994: 386). No caso do conto *Branca Flor, o príncipe e o demónio*, o diabo vence o príncipe. Após a sua vitória, leva-o para o castelo e dedica-se, então, aos seus interesses, submetendo o vencido a provas que exigem enfrentar perigos. No final, o diabo é enganado e vencido pelo príncipe com a ajuda da heroína (Branca Flor). Nesta narrativa, tal como noutras, nomeadamente *O menino de ouro*, o diabo assume o papel de padrinho do(a) herói(na) que o(a) leva para sua casa no início da idade da puberdade. A figura invulnerável e temida pelos homens nos contos de tradição oral revela-se como oponente e é geralmente vencida através da inteligência, assistindo-se em todos eles à vitória do protagonista. Na obra de Parafita descobrimos que as figuras míticas e, por norma, diabólicas, são sempre vencidas e ridicularizadas por personagens supostamente ingénuas e indefesas, nomeadamente, as crianças que aparecem unidas em grupo e num ambiente natural devidamente contextualizado, onde podem partilhar, enfrentar e resolver os seus próprios problemas. A figura do diabo traduz "a influência da teologia cristã, empenhada em realçar a vantagem das forças do Bem configuradas na imagem de Deus, em relação às forças do Mal simbolizadas pela força do Demónio" (Parafita, 2000a: 27). Os contos de tradição oral apresentam, na sua maioria, dois grupos de personagens – os bons e os maus –, em que se constata a perseguição do grupo dos maus ao grupo dos bons. O grupo dos maus, por vezes, alcança o grupo dos bons, mas distancia-se logo de seguida. Neste sistema de fuga assiste-se, por norma, a um "conflito entre os poderes de cima e os poderes de baixo, o céu e a terra, ou o sol e os poderes subterrâneos, e assim sucessivamente" (Lévi-Strauss, 2010: 64).

Em algumas narrativas, nomeadamente, *O gigante e o anão*, *Os gémeos e o olharapo* e *A lenda do gigante do Marão* faz-se referência a um gigante antropófago, aterrador, que possui um único olho no centro da testa e que vive nas montanhas de Trás-os-Montes, denominado, por estas gentes, de olharapo. Parafita (2000a) na sua obra *O maravilhoso popular – lendas, contos, mitos* diz-nos que estes seres se assemelham aos seres da mitologia grega denominados de ciclopes (figuras monstruosas, horrendas e gigantes utilizados nas construções dos templos, pela sua força e valentia). Também "segundo a tradição transmontana, o que sobrava em força e em tamanho a este gigante, faltava-lhe em produtividade e, sobretudo, em inteligência" (Parafita, 2000a: 47). Os heróis dos contos confrontam-se com gigantes, seres malévolos, possuidores de poder e de força, simbolizando as forças da natureza, provocações que o homem tem de enfrentar ao longo da vida. Segundo Cirlot (2000: 181) "o gigante pode ser símbolo da 'rebelião permanente' das forças da insatisfação que crescem no homem e determinam todas as mudanças da sua história e do seu destino". Os heróis associam-se a pessoas frágeis, representando a mocidade e a idade de mudança (necessidade de casar). Para tal, tem de enfrentar perigos que se poderão relacionar com os ritos de iniciação, ou seja, o jovem alcança a maturidade depois de enfrentar algumas obscuridades.

Os contos de Parafita que nos falam de gigantes derrotados por gente humilde – o caso de *A lenda do gigante do Marão* de Alexandre Parafita (2000a) –, retratam desafios que podem ser encontrados no conto *O alfaiatezinho valente* dos irmãos Jacob e Wilhelm Grimm. Quem recebeu influências de quem? "Procurar-lhe as origens, tentar seguir as suas migrações e contaminações" (Traça, 1992: 61) não é tarefa fácil. São contos que viajaram no espaço e no tempo e os seus testemunhos criadores perderam-se nos "portais" dessas longas viagens. Hoje, estão registados na memória de um povo e editados em obras. Nas narrativas que Alexandre Parafita recolheu sobre trasgos, a personagem apresenta-se como uma pequena criatura que se diverte a atormentar as pessoas com traquinices próprias de garotos. Uma das narrativas mais engraçadas é a que se intitula *Os piolhos da velha*. Nesta história prova-se que os trasgos, por natureza, são mais brincalhões que mal-intencionados, mais altruístas do que malévolos. Nas narrativas analisadas as manifestações fantasiosas da imaginação estão presentes, provocando o riso. Os trasgos vistos por alguns como a figura do "diabo" que aparece para perder os que cá estão, revela dois mundos: o físico e o divino, onde tudo é possível. Os que habitam o mundo físico recorrem a orações para afastar os malfeitores que habitam no mundo divino. O sagrado e o profano entram em simbiose nestas crenças grotescas das gentes transmontanas. Os trasgos, transformados por Zeus (na mitologia grega) em macacos, "são figurações que transgridem de um modo ou de outro as fronteiras entre natureza e cultura ou entre os reinos animal e humano" (Sodré & Paiva, 2002: 23). Também nos mitos transmontanos, este ser é visto por uma figura que não é humana, descrita por uns como baixo (comparado com uma criança) e por outros como uma figura horrenda que até deitava fogo pela boca ou que roncava como um animal. Pode-se, desta forma, rir do terrível e das formas desproporcionadas que caracterizam estas descrições. Temos como exemplo destas manifestações a figura do trasgo (Dobby) no filme de Harry Potter. Também se manifesta, nestes relatos o feio e o belo. O feio, na descrição de alguns comportamentos e postura física dos trasgos. O belo porque, afinal, esta personagem caricata também é um ser divertido, que não pretende fazer mal, sendo até uma figura conciliadora e traquina. Existe, também, nestas narrativas uma ligação muito simbólica com os céus e os infernos. Sendo, o trasgo, considerado uma "alma penada" que por algum motivo ainda não consegui seguir o seu caminho para um ou outro dos reinos.

As bruxas nas narrativas de tradição oral apresentam-se, no aspeto físico, como pessoas normais mas que praticam o mal usando poderes e receitas mágicas. Nas narrativas, *A menina e a madrasta* e *Maria de Pau e o touro azul*, a bruxa apresenta-se como personagem que assume o papel de adjuvante da madrasta ou mesmo de madrasta da heroína, ostentando caraterísticas semelhantes, nomeadamente o conflito entre madrastas e enteadas, o ciúme e a maldade. O contexto inicial das narrativas é comum às histórias *Gata Borralheira* e *Branca de Neve* dos Irmãos Grimm. As meninas destas narrativas executam todas as tarefas domésticas exigidas pelas madrastas e experimentam "as frustrações, humilhações e sacrifícios causados pelos seres que lhe estão mais próximos" (Azevedo, 2014). As madrastas vaidosas, insensíveis e más pretendiam que o pai das meninas pensasse que elas eram muito trabalhadoras e que as filhas eram preguiçosas.

Na narrativa *Os meninos da estrelinha de ouro,* a bruxa como personagem emerge de um processo de vilanização, uma agressora, isto é, surge na função que Propp (1992) como transgressora, perturbando a paz e a harmonia na narrativa. Neste conto a bruxa ajuda a irmã da mãe dos meninos da estrelinha de ouro que, por ciúme, engana o cunhado a fim de provocar a separação da família e, desta forma, assumir ela o papel da irmã.

Nas narrativas de tradição oral transmontanas, mais concretamente, nas lendas destacam-se as mouras encantadas que possuem beleza e sensualidade irresistível, produzindo sobre os seres humanos "um efeito tentador, conduzido pelo demónio, cujo objetivo seria atraí-los ao inferno" (Parafita, 2006a: 86). Como afirma Alexandre Parafita, "as moiras, segundo a literatura popular, eram mulheres belas, sedutoras, e, geralmente, bondosas e suplicantes, ao contrário dos moiros, habitualmente ferozes e sanguinários" (Parafita,1999: 70). No entender de Parafita, as narrativas que fazem referência às mouras refletem a relação de alteridade entre muçulmanos e cristãos durante o período da reconquista cristã, revelando "amores sofridos, inviáveis" traduzindo, ainda, a "perigosidade de um painel de seduções latentes na ilusão de tesouros e de outros encantos que o fenómeno árabe alimenta" (Parafita, 2006a: 96). Na narrativa *A moura e o cavaleiro cristão* o homem cristão apaixona-se pela moura e a união entre ambos torna-se impossível, ocorrendo uma série de desgraças. Neste caso é o pai da moura que surge como principal obstáculo à relação amorosa, revelando-se "intransigente" e zelador da ideia anticristã (Parafita, 2006a). Os mouros nas lendas surgem associados a "sentimentos de aversão e ódio" e as mouras a sentimentos de "complacência e paixão" (Parafita, 2006a: 102). Nas lendas, as mouras encantadas surgem na narrativa como seres mágicos que podem ou não apresentar uma aparência humana, geralmente guardam tesouros valiosíssimos e vivem nos montes, nas fragas, em torres, nos castros, nas grutas, nas covas, em cisternas, nos dólmens, nas fontes, em lagos ou em rios (Parafita, 2006a). São associadas aos princípios do anticristianismo e talvez por essa razão ligados ao diabo, figura temida pelos seguidores da fé cristã e do qual todos se devem manter afastados.

A moura que integra a narrativa intitulada *A moura e o cavaleiro cristão* habita numa fortaleza inacessível aos humanos, uma vez que é "guardada por uma escolta de guerreiros dispostos a tudo para impedir que algo de mal" lhe aconteça (Parafita, 2006a: 172). A bela moura encontra-se, desta forma, protegida da convivência com os humanos, verificando-se o conceito do mouro como "o 'outro', o diferente, o não-humano, o qual reúne as características de uma entidade mágica capaz de sobreviver onde nenhum ser humano sobreviveria" (Parafita, 2006a: 104-105).

A crença nestes seres fantásticos, habitando covas e lugares subterrâneos, deu origem às narrativas *A moura do monte do Piolho*, *A moura e o carvoeiro* e *A moura da ponte da aradeira* que têm como ideia principal a questão dos tesouros encantados. Nestas narrativas são as mouras as protetores de tesouros escondidos, encantados. Elas encontram-se sob a forma de animais que se podem metamorfosear em pessoas caso sejam desencantadas. Não é, contudo, difícil associar aos mouros a figura de um ser demoníaco ou mesmo que estes possuem alguma relação como eles. Como refere Llinares (1990: 20) "nalguns casos, os mouros como possuidores e guardiões de tesouros fazem-se equivaler ao demónio ou demónios, que realizam essa mesma função".

Seres míticos divinos impulsionadores do bem

A referência a personagens que ficam privadas dos afetos dos pais logo que nascem devido à sua ausência por qualquer motivo é também uma constante. A presença de pessoas pobres, que procuravam melhores condições de vida, de donzelas filhas de mulheres que morreram no parto (ou por doença) que ficavam a viver com as madrastas eram situações muito comuns. Esse panorama social é de modo pertinente relatado nos contos *A menina e a madrasta, Maria de pau e o touro azul*, recolhidos por Parafita. Nestes contos o papel maternal é assumido por figuras míticas, as fadas. Este corte é associado por Simone Vierne (2000) ao rito da puberdade. Podemos perceber muito bem este corte no filme "A Bússola Dourada", um filme britânico-estadunidense de 2007, dirigido por Chris Weitz. Lyra, uma menina órfã foi criada numa universidade e, no seu mundo, todas as pessoas tinham um daemon[2],ou seja, uma manifestação de sua própria alma em forma animal. Representava para algumas crianças a sua fada madrinha. A fada recomenda alguns cuidados que se podem assinalar como interdição pois, segundo Vladimir Propp, esta desempenha "uma função indispensável ao correcto desenvolvimento da diegese", sendo que ela traz consigo a transgressão, de modo a respeitar o "carácter binário da maioria das funções (falta – reparação da falta, interdição – transgressão

---

[2] Um mesmo daemon (daimon) pode apresentar-se "bom" ou "mau" conforme as circunstâncias do relacionamento que estabelece com aquele ou aquilo que está sujeito à sua influência (In http://pt.wikipedia.org/wiki/Daemon).

da interdição, combate – vitória), que se reveste de uma importância excepcional" (cit. por Torres, 2003: 63). A figura da fada representa a imagem materna ausente nos contos e surge como "Mestra da Magia" que simboliza "os poderes paranormais do espírito ou as capacidades mágicas da imaginação" (Chevalier & Gheerbrant, 1994: 314). Estas apresentam-se sob a forma de velha ou de uma mulher muito bela sem marcas explícitas do universo mágico mas que tem o poder de transformar "as coisas e as pessoas", de forma a satisfazer "todos os desejos" (Parafita, 2000a: 34). A fada assume o papel de protetora e, com a sua sapiência, dota os seus "protegidos", de sabedoria, astúcia e capacidade para dar resposta aos desafios. A heroína nos contos de tradição oral apresenta-se, geralmente, uma figura pura e inocente que é ajudada pela fada. O herói quase sempre tem que enfrentar uma série de provas antes de alcançar o seu objetivo – símbolo do amadurecimento que fará dele um homem experiente. Outras vezes sai da casa paterna à procura de autonomia.

Os animais como seres míticos divinos impulsionadores do bem são personagens que também surgem nas narrativas de Alexandre Parafita. Na narrativa *A menina e a madrasta,* as tarefas que a madrasta obrigava a heroína a fazer (remendar, dobar e fiar) eram realizadas no monte com a ajuda de uma vaca. A vaca evitava assim os castigos da menina ajudando-a na realização dos trabalhos, ultrapassando desta forma as ordens da madrasta em perfeição e quantidade. A madrasta, dominada pela inveja, matou a vaca que ajudava a menina. Também na narrativa *Maria de pau e o touro azul* encontramos um animal impulsionador do bem, pois o touro azul "com poderes que ninguém conhecia" ajudava também uma menina que vivia com a madrasta (Parafita, 2001a: 147). Nesta narrativa, o touro às escondidas da madrasta alimentava a menina. O touro assumiu o papel de protetor, não deixando que acontecesse mal à menina. Este animal, adivinhando a intenção da madrasta para o matar, organiza a fuga. Durante a fuga ocorrem confrontos, proibições e vitórias. Nos confrontos o touro luta e vence um bicho-de-sete-cabeças que associamos ao animal da mitologia grega a Hidra de Lerna que tinha corpo de dragão e sete cabeças. A menina quando se encontrava em lugar seguro, longe do alcance da madrasta, por ordem do touro matou-o e enterrou-o podendo continuar a beneficiar da sua ajuda para tudo de que necessitasse. Também no culto de Mitra, de origem iraniana um touro por ordem do Sol é degolado por Mitra e do seu sangue, do seu tutano e dos seus germes nasceram os vegetais e os animais (Chevalier & Gheerbrant, 1994: 652). Nos dois casos associamos ao sacrifício do touro a "alternância cíclica da morte e da ressurreição, bem como o da unidade permanente do princípio da vida" pois é neste momento que a menina ultrapassa os seus conflitos internos na luta pela independência e autoafirmação (Chevalier & Gheerbrant, 1994: 652). Esta narrativa apresenta momentos similares à narrativa *A Gata Borralheira* escrita pelos irmãos Jacob e Wilhelm Grimm uma vez que as heroínas vivenciam situações de frustração, humilhação e sacrifício causados pelas pessoas que vivem à sua volta (Gata Borralheira pela madrasta e as meias-irmãs e Maria de Pau pelas outras criadas do palácio). No caso da *Gata Borralheira* o baile no castelo do príncipe, permite que a personagem exiba a sua beleza e esplendor enquanto que no caso de Maria de Pau é a missa de domingo que lhe possibilita essa exibição. Ambas as meninas perdem o sapatinho ao saírem apressadas do local onde impressionaram os presentes inclusive o príncipe. No final surge o casamento com o príncipe, permitindo que as personagens se emancipem e readquiram a "voz que os outros lhe usurparam" (Azevedo, 2014: 4).

Na narrativa intitulada *A menina e a madrasta*, a madrasta mandou a menina lavar as tripas da vaca ao rio e disse-lhe que se não as trouxesse bem lavadas ou perdesse alguma ficava sem comer. Nesta narrativa o rio assume um papel primordial de iniciação uma vez que é nas suas águas que uma das tripas lhe escapa pela corrente. A menina perante o medo da vingança da madrasta vai atrás da tripa e é nesse momento que ela supera os seus conflitos internos e alcança a autonomia. Se tivermos em linha de conta o que Eliade (2000a) nos relata sobre as sociedades secretas femininas, mais concretamente sobre a sociedade Lisumbu, percebemos que penetrar nas águas do rio é "reintegrar o estádio pré-cósmico, o não ser", renascendo-se a seguir (Eliade, 2000a: 232). O rio constitui-se como instrumento de libertação da menina dos domínios da madrasta. O simbolismo das águas envolve também nestas narrativas a morte e o renascimento. O contacto com a água "comporta sempre uma regeneração: por um lado, porque a dissolução é seguida de um `novo nascimento`; por outro lado, porque a imersão fertiliza e multiplica o potencial da vida" (Eliade, 1992: 65). Nestas narrativas onde tudo é possível os factos narrados remetem-nos para alguns rituais sobre a maturidade sexual. As meninas tomam contacto com uma nova realidade, caraterizada pela rutura com o lado inocente da infância, traduzindo-se no seu crescimento sexual.

A bondade divina é também evocada em algumas narrativas através do pensamento católico. Na narrativa *O diabo e as amêndoas*, Nosso Senhor surge como um bom conselheiro que orienta mesmo aquele que não solicita a sua ajuda. Os santos, anjos e Nossa Senhora integram determinadas narrativas que Parafita recolheu, refletindo o nível de religiosidade dos meios rurais transmontanos. Parafita (2001a: 36) considera que estes contos manifestam uma preocupação didática "associada a um princípio de respeito pelas coisas sagradas, pela busca da perfeição na terra como salvo-conduto para um lugar numa 'vida melhor' no Além". Considera o autor que se pode estabelecer analogias destes contos com os textos bíblicos, nomeadamente com as parábolas, uma vez que relatam conteúdos alegóricos, transmitindo exemplos éticos veiculados nos princípios religiosos.

Lugares de refúgio e amadurecimento

Na maioria das narrativas de Alexandre Parafita encontramos protagonistas que executam viagens que se concretizam pela deambulação pelo monte/montanha, no qual se inicia o processo de ascensão espiritual. Estes espaços onde os heróis se confrontam com os perigos, "não são escolhidos apenas com uma função decorativa, mas correspondem a lugares que implicam transformações dos personagens, postos à prova no seu processo de iniciação, ou são lugares de preparação ou de passagem para essas provas" (Júdice, 2005: 34). São, portanto, espaços muito sugestivos, cujo simbolismo é múltiplo. A montanha, espaço elevado, é característico do regime diurno e exprime "as noções de estabilidade, de imutabilidade, por vezes até de pureza" identificando-se como um lugar do despertar para a vida (Chevalier & Gheerbrant, 1994: 456). Geralmente associa-se à montanha a ideia de meditação, elevação espiritual e, quando os obstáculos são, aqui, transpostos, o jovem está preparado para enfrentar a vida (Cirlot, 2000). Em alguns momentos associamos estes espaços à floresta onde tudo pode acontecer, porque possuem uma grande variedade de elementos assombrosos, transformando-se em cenários fantásticos, cheios de mistérios e seres desconhecidos. É também nesse local que a maioria dos protagonistas dos contos encontra um refúgio, mais concretamente uma casa que é um símbolo feminino no sentido de proteção (Chevalier & Gheerbrant, 1994).

A iniciação ao representar um amadurecimento espiritual permite que o neófito seja afastado da sua família para um retiro na selva. No conto *Os gémeos e o olharapo*, o ato iniciático é representado pelo monte, simbolizando o além, o desconhecido os "Infernos". O neófito, neste caso os gémeos, são levados para uma ermida, conforme o compromisso estabelecido entre o progenitor e S. Pedro (padrinho dos gémeos) e, posteriormente, quando tentavam regressar a casa, ao atravessarem o monte, são transportados para a casa de um olharapo.

Os gémeos, à semelhança de *Hansel e Gretel* dos irmãos Grimm, vivem em condições de pobreza e por isso são abandonados entregues a si próprios, são enganados e atraídos para uma casa no meio da floresta. Embora as condições de abandono sejam diferentes em ambas as histórias os protagonistas ficam prisioneiros do(a) vilã(o) e é através da cooperação e inteligência dos irmãos que o(a) vencem. Quer numa narrativa quer noutra durante o aprisionamento o vilão pedia que um dos irmãos mostrasse o dedinho para ver se estavam gordinhos para os comer. A estratégia utilizada pelos heróis foi idêntica, pois utilizaram um osso (*Hansel e Gretel*) e o rabo de um rato (*Os gémeos e o olharapo*) para enganar o(a) vilã(o). Pode considerar-se que estes heróis foram "engolidos por um monstro", reinando no ventre a Noite cósmica. Eliade (1984) conta-nos que em muitas regiões, na selva existe uma cabana iniciática onde ocorrem algumas provas e onde o neófito é instruído nas tradições secretas da sua tribo. O simbolismo conferido à cabana iniciática prende-se com aspetos relacionados com o retorno ao ventre materno, significando uma regressão ao estado embrionário. Os heróis da narrativa, simbolicamente, regressaram à Noite cósmica para poderem ser regenerados e criados de novo. O medo, a angústia e a libertação são aspetos retratados nestas narrativas e que conferem sentido às mensagens que delas se podem extrair e que de certa forma se podem associar a vivências pessoais que permanecem no inconsciente. A libertação da cabana leva à integração de uma nova personalidade.

Para atingirem o estado de purificação, os gémeos foram fechados pelo Olharapo numa arca, lugar que oferece sacrifício e que Jung associa à "imagem do seio materno, do mar onde o sol se submerge para renascer" (Chevalier & Gheerbrand, 1994: 81) A libertação final dos protagonistas da narrativa de Alexandre Parafita foi conseguida pela ajuda do elemento *fogo*. O facto dos dois irmãos terem que ir procurar lenha para atear o fogo que permitiria a morte de ambos possibilitou-lhes a fuga, que culminou numa ascensão espiritual. A ermida, para além de estar ligada ao simbolismo da verticalidade, remetendo para o Céu possibilitou aos protagonistas o encontro com a paz e a harmonia. A provação pela qual passaram os protagonistas levou-os, à semelhança de Hansel e Gretel, de acordo com Campos e Azevedo (2007: 200) a um "crescimento espiritual e à descoberta da força interior que os sustentava e que foi, certamente, a verdadeira propulsora do estado de ascese atingido". Consideram os autores que "nenhuma força exterior surte efeito se não se conciliar com a voz adormecida do nosso interior que tem, também ele, de despertar" (Campos & Azevedo, 2007: 200).

Mudança de condição, o equilíbrio e a recompensa

Identificamos nestas e noutras obras o tema da iniciação, uma vez que incluem uma sequência de "provas", de aventuras ditas de "pasmar", de "mortes" e de "ressurreições", pelas quais o neófito tem de passar (Eliade, 1976). No caso de *Branca Flor, o príncipe e o demónio*, encontramos uma heroína, pois é Branca Flor que resolve todos os problemas com que o príncipe se depara no castelo *Irás e não virás*, auxiliada, nos momentos difíceis e na execução de tarefas impossíveis pela fada madrinha e alguns objetos mágicos. Os objetos mágicos surgem nesta narrativa com um papel "reparatório, visto que as acções levadas a cabo, uma vez activadas dentro do esquema épico, convergem para a salvação da alma (...) [mantendo] sempre o poder de segurar, de captar a força maléfica e de incapacitar a sua função orgânica" (Badescu & Romero, 2007: 8). O príncipe ao ser levado para o castelo *Irás e não Virás* vive situações de "angústia" pelos constantes obstáculos que se torna necessário superar para que a sua libertação se efetive. O nome do castelo sugere-nos irreversibilidade que associamos ao que Eliade

(2000a), sustentada no pensar do homem primitivo, designa como sendo a "penetração no labirinto ou na selva assombrada (...) [na] selva que corresponde ao inferno, ao outro mundo". O candidato à iniciação (Dom Pedro) é "engolido pelo monstro" e quando se encontra nas "trevas do seu ventre" (castelo) aguarda o renascimento. São as vitórias alcançadas, perante todas as "provas terríveis que a iniciação dos jovens comporta" (Eliade, 2000a: 55) que permitem ao neófito conhecer uma vida espiritual superior – aquela em que lhe é permitida a participação no sagrado (Eliade, 1976), pois "é através da iniciação que o adolescente se torna simultaneamente num ser socialmente responsável e culturalmente desperto" (Eliade, 2000b: 70). O príncipe, designado por Dom Pedro, fica prisioneiro do diabo nesse castelo. Este aprisionamento, ou seja, a devoração pelo monstro, ou *queda* ao inferno surge como o cenário específico da iniciação heroica em que Dom Pedro, graças à ajuda decisiva de Branca Flor, consegue vencer ou superar os diversos obstáculos que vai encontrando ao longo do seu percurso de vida. Neste sentido, como refere Bachelard, a *queda* está ligada "à rapidez do movimento, à aceleração e às trevas", podendo ser "a experiência dolorosa fundamental e que constitua para a consciência a componente dinâmica de qualquer representação do movimento e da temporalidade" (cit. por G. Durand, 1989: 80). A experiência iniciática quando é realizada com sucesso permite ao iniciado alcançar "uma existência superior" (Eliade, 2000b: 90). Assim, o ritual iniciático da *queda* ao inferno possibilitou ao neófito aprender, no decurso da sua vida, formas de se libertar dos territórios da morte (Eliade, 2000b). Branca Flor inicialmente não recorre aos poderes mágicos para superar as dificuldades, pois dispõe de informação e conhecimento que lhe permitem superar com êxito as duas primeiras provas. Porém, as seguintes exigiram recorrer a forças mágicas que Branca Flor possuía. As provas foram impostas ao príncipe pelo diabo – o duelo de espadas, o amansar da mula (em que existe uma eufemização), a plantação e colheita impossíveis de realizar na brevidade de um dia e a recolha de um anel no fundo do mar. A recolha do anel, feita por Branca Flor e o seu contacto com a água admite uma regeneração (Eliade, 1992). Nesta prova o príncipe teve que cortar em pedaços Branca Flor (morte iniciática) e ao fazê-lo deixou escapar uma gota de sangue que se constitui como marca firme e decisiva para manter a proximidade na narrativa dos acontecimentos. A morte de Branca Flor é reversível, o sacrifício por que passa permite ao príncipe concretizar o seu percurso heroico.

A reversibilidade da morte da heroína é um processo de morte/renascimento visível nas estruturas dos ritos de passagem, simbolizando no dizer de Carmelo (2011: 88) "a separação entre o indivíduo e o seu meio familiar de origem, o abandono de um modo de vida precedente e a passagem para um estado em que a criação de uma família própria através do matrimónio e da procriação, fora do seu círculo familiar precedente é legítima". Contudo o casamento de Branca Flor e o príncipe põe em risco a sobrevivência de ambos. Nesta ansiedade pelo tradicional *happy ending* aparecem os cavalos como um meio de salvação. Como nota Gilbert Durand (1989: 57) o cavalo constitui-se como "o símbolo do tempo", uma vez que reenvia "para a fuga" os protagonistas do conto e, neste conto, coloca a horta e a igreja como cenários de disfarce. A presença do cavalo do vento indica a mudança. No final, curiosamente, a fada madrinha surge novamente em auxílio de ambos e, para vencer as forças do mal, ou seja, para afastar o diabo não recorre a nenhum poder mágico, mas a um estratagema da tradição popular. A fada manda Branca Flor fazer cruzes com os talheres, afastando definitivamente o demónio que, neste caso específico, explode. Neste momento ressurge o equilíbrio e a recompensa da heroína. Os adolescentes deixam para trás o mundo da infância para entrar no mundo da idade adulta. A iniciação comporta todo um ritual de sucessivas revelações que faz com que a etapa seguinte seja sempre mais rica de ensinamentos e pregnante simbolicamente do que a anterior, assistindo-se a um enriquecimento progressivo ao nível educacional do postulante e a uma maturação de tipo ontológico (Araújo & Ribeiro, 2012).

Discursos, provações, intromissões e contágios

Outras descobertas relevantes que são possíveis de realizar pela interação do sujeito com os textos de tradição oral são as influências que estas recebem e que partilham de uma memória cognitiva e cultural. No conjunto de narrativas que enformam a obra do autor encontramos os títulos *O príncipe cavalo* e *O príncipe laragato* que fazem referência a belas donzelas que casam com animais que durante a noite se transformam em homens. O tema comum às duas narrativas ligado à fantasmagonia do príncipe monstruoso remete-nos para outras histórias, nomeadamente *A bela e o monstro* originalmente escrito por Gabrielle-Suzanne Barbot e *O urso branco, rei Válemon* de Peter Christian Asbjórnsen e Jorgen Moe. Estas narrativas colocam em evidência a ambição e o desejo de fortuna fácil pela entrega das filhas ao monstro, mais concretamente a filha mais nova que é a mais bela e a mais pura. Nas narrativas transmontanas *O príncipe cavalo* e *O príncipe laragato* o monstro antes de casar com a filha mais nova casa com as duas irmãs mais velhas que morrem na primeira noite que passam juntos. Está subjacente às narrativas, tal como no mito *Eros e Psique* que a terceira filha possui a sensibilidade de que as outras não possuem, sendo que a lealdade e obediência refletem os valores conservadores e a normatividade assumida pela sociedade, cujos casamentos eram escolhidos pelos pais. Contudo a filha mais nova assume e aceita a sua condição, silenciando os seus sentimentos, acabando por se afeiçoar ao monstro. Tudo parecia correr bem até ao momento em que a rapariga desobedece ao monstro ao desvendar o mistério que envolvia a sua transformação durante a noite. A partir desse momento ela vê-se privada do homem por quem se apaixonou e a sua recuperação conduz a rapariga ao tema do sacrifício ritual. A rapariga na sua longa caminhada de procura vivencia um esquema sacrificial de provas necessárias para completar e demonstrar a sua maturidade. Realiza as suas provas com o apoio de três adjuvantes mágicos. Depois de passar por várias provações e vencer as provas quebra o encanto do príncipe e alcança novamente a felicidade, à exceção da narrativa *A Bela e o monstro*. O animal assume-se, no final da história, como homem, ou seja o laragato e o cavalo transformam-se em príncipes. Na mitologia grega o amor de Orfeu e Eurídice apresenta aspetos similares aos das narrativas referidas, pois a morte da jovem ao ser picada pela serpente provoca em Orfeu o desânimo. Orfeu, tal como as raparigas destas narrativas de Parafita, não se conforma com a perda da pessoa amada, e resolve partir atrás dela no Reino dos Mortos. O mito não tem o final feliz como tem a narrativa.

Os gémeos da narrativa *Os meninos da estrelinha de ouro* são atirados ao rio dentro de um caixão, pela irmã da rainha com a intenção de que o rei não tivesse conhecimento do cumprimento da promessa anunciada pela sua esposa de dar à luz gémeos com uma estrelinha de ouro na testa. Este facto remete-nos para a narrativa *Os três cabelos de ouro do diabo* dos Irmãos Grimm. É curioso o facto de que em ambas as narrativas, os meninos vão parar a um moinho e são criados por um moleiro. Os meninos transformam-se em belos rapazes, acabando o rei por descobrir a sua existência. Os rapazes ao longo da narrativa são confrontados com desafios que são superados com ajuda de fadas.

Na narrativa *O pastor e a princesa* encontramos um pastor que se apaixona por uma bela princesa e que decide pedi-la ao rei em casamento. Na procura do dote que é obrigado a possuir para poder casar com a princesa o pastor vai de terra em terra na esperança de conseguir fortuna. Nessa longa caminhada o pastor depara-se com situações que descobrimos na narrativa dos irmãos

42

Grimm *Os três cabelos de ouro do diabo*. Em ambas as narrativas os heróis encontram um rio com um barqueiro que nos remete para Caronte filho de Nix, da mitologia grega, o barqueiro de Hades que transportava as almas dos recém-mortos para o outro lado, atravessando os rios Estige e Aqueronte que dividiam o mundo dos vivos do mundo dos mortos. Os heróis das duas narrativas confrontam-se com questões muito semelhantes: barqueiro que faz sempre o mesmo trabalho; fonte seca; e árvore que deixa de dar frutos. Os heróis são ajudados pela fada e resolvem os problemas encontrados, conseguindo, desta forma, enriquecer e superar as provas apresentadas pelo rei.

Na narrativa *O menino de ouro* a personagem principal vai viver com o padrinho (diabo). O padrinho entrega-lhe as chaves dos compartimentos do castelo à exceção de duas que pertencem a dois quartos. A sua curiosidade leva-o à procura das chaves em falta. Percebe-se através da narrativa que o menino estava proibido de entrar naqueles dois compartimentos. Esta proibição tem grande importância na narrativa uma vez que é neste local que o menino encontra um adjuvante para a superação de todas as provas. Para Propp (1992) a proibição também é representada por diferentes formas de chegada da adversidade. Nesta narrativa o menino vence as provas através das orientações do cavalo que encontra em um dos quartos e pelo auxílio de objetos mágicos.

Para além dos diálogos identificados nas narrativas anteriormente referidas, outros se estabelecem e reconhecem em versões recolhidas em diferentes partes do país e do mundo. *O pastorinho e a flauta* de Alexandre Parafita conta a história de um pastor que tocava flauta. Quando ele tocava os sons melodiosos e sublimes faziam com que o rebanho vivesse feliz. Este conto evidencia alguns aspetos em comum com *O Tocador da Flauta Celestial* de Zhao Yanyi (2000) da literatura de expressão oral da China.

O lobo, a velha e a cabaça permite-nos identificar muitas semelhanças com a versão escrita *A velha e os lobos*, recolhida por Adolfo Coelho (2002). Leite Vasconcelos (1963), bem como outros compiladores de contos tradicionais, têm recolhido variantes desta história. Este conto narra a história de uma velhinha que a caminho do casamento da sua neta (versão de Parafita) ou em alguns casos do batizado do netinho (versão de Adolfo Coelho), encontra um lobo, que a quer comer. A velhinha consegue convencer o lobo a esperar pelo seu regresso. Em algumas das versões, tal como acontece na história do Capuchino Vermelho, o lobo come a avó. Na versão de Parafita a velha é dotada de habilidade e imaginação, conseguindo superar os obstáculos enganando o lobo. A cabaça é uma imagem importantíssima para a construção de sentido da narrativa, configurando-se em um elemento simbólico. Neste conto está associada a um meio que possibilita a travessia da floresta em segurança. De facto a vida tem aspetos perigosos que é necessário contornar. É através da habilidade e da imaginação que o homem supera as dificuldades impostas pelas condicionantes do viver. Trata-se, aqui, de uma cabaça especial que liberta a velha da morte. A ação da velha surge na narrativa, como fonte de conhecimento e de discernimento para resolução dos conflitos.

Através dos exemplos apresentados percebem-se situações análogas que não é fácil comprovar ter havido influências de uns textos sobre os outros uma vez que estas narrativas surgem em sociedades muito afastadas, quer a nível geográfico quer cultural.

Na atualidade vários são os autores que "pegam" nos contos de tradição oral e lhes dão um novo "ser", transformando-os ou introduzindo-lhes inovações pontuais ditadas pela imaginação. Adicionam-lhes novos elementos, fazem novas ilustrações, adulterando, por vezes, a linguagem e a moral, ocultando o que se pretendia transmitir inicialmente. Neste sentido, Azevedo (2006) refere que os elementos da literatura tradicional oral constituem "uma espécie de magma seminal para processos de transformação e de recriação posteriores" que se configuram "funcionalmente como elementos de elevada relevância no processo de comunicação literária" (Azevedo, 2006: 35). A título de exemplo temos, entre muitos outros casos, *Corre, corre cabacinha,* de Alice Vieira (2000), que dá a conhecer ao leitor uma avó que tem muitos netos. É no caminho do batizado de um deles, que é surpreendida por um lobo que a quer comer. Deste conto surgiram outras versões com o mesmo título mas com autores diferentes. Eva Mejuto (2006) adapta-o e conta-o numa versão atual e ao mesmo tempo tradicional, cujas ilustrações da autoria de André Letria têm grande importância na construção do significado da narrativa.

O menino grão-de-milho, recolha realizada por Parafita (2001a), é também um conto que nos remete para vários compiladores nomeadamente Leite de Vasconcelos (1858-1941) e Adolfo Coelho (1847-1919). Este conto apresenta várias versões com dissemelhanças notórias entre eles. O conto surge adaptado por António Torrado (2006) e Olalla González (2008). Apesar das diferenças encontradas nos contos também se vislumbram semelhanças, pois todos eles nos remetem para um ambiente familiar protetor. O protagonista, apesar da sua baixa estatura, não transmite complexos de inferioridade nem insegurança, mostra-nos uma imagem firme e determinada. O menino do tamanho de um grão-de-milho apresenta-se uma figura corajosa, com iniciativa, conseguindo enfrentar e resolver os seus próprios problemas. Também a narrativa *A pita-martinha, a raposa e o pito-grou* apresenta semelhanças com a narrativa tradicional espanhola *A melrita,* recolhida em La Vera de Plasencia (Extremadura) e que foi adaptada por Antonio Rubio e publicado em 2008 *A melrita* (2008), à semelhança de *A pita-martinha, a raposa e o pito-grou,* é uma narrativa que se enquadra no arquétipo dos contos de animais. Em ambas as narrativas se destacam experiências de vida perfeitamente possíveis, e na verdade muito comuns, expressas nas intenções e reflexões que nos possibilita a narrativa, profundamente sustentada no caráter, na luta pela sobrevivência, na mentira, na astúcia e na ingenuidade. Nas narrativas, as aves que aparentemente nos parecem mais frágeis, vencem os animais terrestres que supostamente seriam mais fortes.

As verdades morais nos gracejos fingidos

Na vasta coletânea de obras de tradição oral de Alexandre Parafita encontramos, ainda, os contos de animais. Estas narrativas aliam o aspeto lúdico ao pedagógico, na medida em que divertem e distraem o leitor e transmitem moralidades, apresentando os defeitos e virtudes dos homens através de metáforas ou alegorias na voz de animais. Trata-se de narrativas que permitem retirar do seu conteúdo uma lição de vida. Por esta razão consideramo-los muito próximas das fábulas, uma vez que apresentam aspetos comuns. Segundo Bettelheim (2011) as fábulas são visivelmente moralistas, afirmam uma verdade moral, não contendo significados ocultos. Mesquita (2002: 68) considera a fábula

> um género comum a todas as literaturas e a todos os tempos, porque pertence ao folclore primitivo. É um produto espontâneo da imaginação, já que consiste numa narração fictícia breve, escrita em estilo simples e fácil, destinada a divertir e a instruir, realçando, sob acção alegórica, uma ideia abstracta, permitindo, desta forma, apresentar de maneira aceitável, muitas vezes mesmo agradável, uma verdade moral, o que de outro modo seria árido ou difícil.

A presença dos animais irracionais como personagens, neste género literário, poderá estar associada à crença na metempsicose dos povos orientais, doutrina segundo a qual as almas dos homens transmigram para estes seres (Mesquita, 2002: 69).

O *elemento cíclico*, ou seja, as repetições que se verificam na estrutura simples e direta que caracteriza a fábula possibilita-nos um melhor entendimento da sua finalidade moralizante e moralizadora. As narrativas que Parafita recolheu, e que enquadramos neste tópico, evidenciam afinidades com os conteúdos plasmados nas fábulas de Esopo (620 a.C.–560 a.C.), Fedro (15 a.C.–50 d.C.) e La Fontaine (1621–1695), na medida em que, quer numas quer noutras, se verifica a presença da persuasão para os valores sociais, morais e éticos através da fala de personagens que não são humanas. Estes seres aparecem nestas histórias representados por animais que, com os seus gracejos fingidos, denunciam as malícias dos humanos, nomeadamente o egoísmo, a cobiça, a avareza e a inveja. Realçam a constante necessidade de demarcar a experiência do mal, para poder evidenciar o paradigma do bem, pois a natureza destes contos reside na dicotomia *bem-mal,* apresentando como finalidade uma moral percetível para o leitor ou ouvinte.

Parafita apresenta-nos algumas histórias de animais baseadas na tradição oral transmontana nos seus livros *Lobos, raposas, leões e outros figurões, contos de animais com manhas de gente* e *Contos de Animais como contaram aos pais dos nossos pais.* As histórias narradas por Parafita fornecem conselhos ao leitor no sentido da prevenção contra os perigos da vida, da natureza e da sociedade humana de uma forma cómica e picaresca conferindo às narrativas um caráter humorístico. Estas narrativas de animais e de bestiários retratam experiências e vivências próprias dos seres humanos apelando a determinados valores e comportamentos, nomeadamente a aceitação e a valorização da diferença e da amizade. Integram também a importância do trabalho cooperativo, a promoção e o respeito pela natureza e pelo equilíbrio ambiental, bem como pela defesa da tolerância entre todos. Estas narrações englobam várias espécies de animais com forte carga simbólica, cujas ações funcionam como exemplo para o Homem uma vez que estes têm as mesmas angústias e anseios.

As questões relacionadas com as verdades morais ficam esclarecidas, tomando em conta as falas dos animais, na verdade personagens irracionais, que sabemos serem de ficção, mas que refletem temas racionais e sempre atuais, vividas por pessoas reais que as representam ou de que são símbolos. As repetições e o encadeado de ações são frequentes permitindo antever e até reproduzir ao leitor os acontecimentos seguintes. Apresentam a descrição de um processo iniciático, envolvendo heróis e derrotados. Nestes contos as provas são superadas através da inteligência. Se tomarmos como exemplo a narrativa *A pita-martinha, a raposa e o pito-grou* que faz parte do livro *Lobos, raposas, leões e outros figurões*, podemos esclarecer o que atrás referimos. A história inicia-se com um relato que nos coloca perante uma situação que nos fornece informações sobre a pita-martinha (protagonista da história). Informa-nos que essa ave vivia no monte, muito feliz, com os seus três filhinhos. A seguir, a narrativa expõe a ingenuidade e credulidade da pita-martinha através da esperteza e astúcia da raposa, estabelecendo-se encadeamentos de ações e repetições. A história apresenta o discurso da raposa convincente, por meio do qual a pita-martinha enganada e amedrontada obedece ao que lhe é pedido, deixando-a desolada. No primeiro encontro, a pedido da raposa, a pita-martinha que se encontrava no seu ninho, numa árvore, dá-lhe um filho para que esta possa saciar a sua fome e no segundo dia dá-lhe outro. Entretanto surge o pito-grou com a função de inverter a situação angustiante em que vivia a pita-martinha. Contrapõem-se *desta forma* os argumentos *da raposa e a* pita-martinha ao descobrir o equívoco em que caiu retorna ao estado inicial de felicidade. Compreende-se aqui que a astúcia de uns pode ser ultrapassada pela astúcia de outros, por tal a honestidade e a sinceridade devem prevalecer em todas as relações. É interessante considerar que uma atitude inapropriada é resolvida com outra inapropriada, neste caso a mentira. No final, a história vira-se do avesso e quem tenta enganar, enganado é. As verdades morais destas narrativas (re)constroem-se de acordo com o ponto de vista do leitor, isto é, a subjetividade do indivíduo (re)cria a realidade e atribui-lhe valores. Ramos (2008), a propósito dos animais como personagens das narrativas, no estudo efetuado sobre os monstros na literatura de cordel portuguesa do século XIII, refere que estes quando analisados e interpretados simbolicamente revelam intenções moralizantes, verificando-se a presença do bem e do mal no seu significado. O homem identifica-se parcialmente com o animal, uma vez que revela aspetos da sua natureza e da sua existência. Os instintos domesticados ou selvagens que são identificados em cada um deles correspondem também a uma parte de nós, "integrada ou a integrar na unidade harmonizada da pessoa" (Chevalier & Gheerbrant, 1994: 70). A narrativa *A pita-martinha, a raposa e o pito-grou* faz referência a animais aéreos (aves) e terrestres (raposa). As aves podem ser consideradas o símbolo do mundo celeste, da liberdade divina, da imortalidade da alma, os estados superiores do ser. No entanto a leveza da ave comporta outros significados que se relacionam com a instabilidade, a distração e a diversão. O ninho é o refúgio, considerado o Paraíso, "morada suprema à qual a alma só acederá na medida em que, libertando-se dos pesos humanos, conseguir voar até lá" (Chevalier & Gheerbrant, 1994: 100). A raposa, embora possa simbolizar o herói civilizador, assume o papel de "cúmplice de fraudes em inúmeros mitos, tradições e contos" e liga-se à ideia de um ser ativo e inventivo mas ao mesmo tempo destruidora e audaciosa, encarnando "as contradições inerentes à natureza humana" (Chevalier & Gheerbrant, 1994: 561).

Implicações educacionais

As narrativas de Parafita (que outrora ouvíamos contar ao serão nas noites frias de inverno à lareira, ou nas noites quentes de verão, nas *soleiras* das portas) são míticas e podem desempenhar um papel relevante para levar as crianças de hoje (mais citadinas) a não viverem de costas voltadas para as metáforas vivas. Acrescentámos a arte de sonhar para que tornemos as nossas crianças mais humanas, e levá-las a acreditar, para além da desdita, no mundo das narrativas, da poética e do devaneio. Esta afirmação reporta-nos, de novo, para o imaginário educacional, vertente pela qual nutrimos um especial interesse, especialmente como professoras.

A pedagogia do imaginário remete para figuras e formas que são instauradoras da *Bildung*, por meio das quais o homem configura a sua humanidade. São os processos de simbolização que permitem ao ser humano assumir a sua humanidade, tomar consciência da condição própria aos seres vivos. As mensagens pedagógicas das vozes míticas e as representações que as crianças têm relativamente às mesmas podem influenciar e inspirar com premência a realização de novas narrativas educacionais.

Kirkpatrick, num documento de 1920, referiu que "a popular view of imagination is that i tis concerned only with the untrue and the unreal; but this is correct only in the sense that the reality and the truth are not manifested in stimuli immediately present" (Kirkpatrick, 1920: 4). As narrativas, ao traduzirem metáforas da vida, porque dão sentido ao mundo e à experiência dos sujeitos em vários domínios, permitem, enquanto recurso pedagógico, desenvolver a imaginação, emocionar e inspirar. É natural que as narrativas que apelam ao inconsciente, como é o caso da fantasia contribuam para o equilíbrio psíquico da criança. O desenvolvimento da narrativa ao comportar momentos de tensão e conflito e momentos de apaziguamento permite ao leitor identificar-se com as personagens e consequentemente envolver-se nas peripécias narradas.

Cada criança, ao criar representações mentais sobre as palavras ouvidas, ao descobrir elementos e ao memorizá-los, mais tarde, poderá usá-los na formação de outros conceitos. Está a desenvolver uma consciência imagética em conformidade com a consciência linguística, numa simbiose quase perfeita entre o que pensa ver e o que comunica oralmente. O texto pode fazer emergir um conjunto de imagens, permitindo à criança tecer significados e significantes que são descobertos no ato de ler, ver, imaginar, criar e de amar a Literatura.

Os ensinamentos retirados, através da leitura de obras de tradição oral, permitirão ver o mundo de uma forma mais colorida. Porque não viajarmos um pouco através dos contos para entrarmos num mundo fantasioso, colorido e mágico, onde o sobrenatural se alia ao herói – que podemos ser nós – para derrotar um oponente malévolo – adversidades, dificuldades da nossa vida? Pois, como refere Fernando Azevedo (2003: 16),

> um cânone literário para a infância, se procura ser suficientemente estimulador para a emergência de um leitor progressivamente autónomo e crítico, deverá permitir ao jovem leitor conhecer, com deleite e voracidade, os intertextos fundamentais do património de uma memória coletiva, de modo a que a possibilidade de gozar e de fruir com a inovação – mesmo que esta seja representada apenas por uma recontextualização do já conhecido ou do já dito – possa ter lugar sem rupturas de comunicação.

Acreditamos que existem muitos contos que esclarecem dúvidas e respondem às necessidades da criança desenvolvendo, de certa forma, a capacidade de autonomia pessoal, apresentando-se como um instrumento de formação intelectual, moral e afetiva.

Em síntese

As narrativas que trespassaram os portais de um "infinito" temporal com origens na tradição oral ocorreram em espaços muito distantes e ao mesmo tempo muito próximos. Nas narrativas recolhidas em Trás-os-Montes, por Alexandre Parafita, a nível de conteúdo, encontramos elementos e acontecimentos que se repetem em outras narrativas. Tanto numas como noutras, o herói simboliza o bom senso e a inteligência. Estas narrativas apresentam à criança uma realidade desconhecida e, de certa forma, ajudam-na a desvendar esse mundo revelando e mostrando o caminho mais seguro a seguir. A luta estabelecida com as forças da natureza pode significar ritos de iniciação, a passagem à idade adulta.

Todas as narrativas, das quais estas não são exceção, têm um objetivo comum que é o de conhecer as dificuldades do mundo e formas de as ultrapassar, possibilitando ao leitor refletir sobre experiências de vida. As narrativas desenvolvem-se em função de uma figura central – o herói –, personagem que através da coragem e vontade de fazer prevalecer a justiça e a verdade enfrenta um inimigo, procurando resolver toda uma série de conflitos – os bons são os vitoriosos. Essa vitória é conquistada sobre si próprio, sobre a maldade, sobre a adversidade e sobre os oponentes.

As narrativas que analisámos possuem, ainda, um caráter moral. No entanto, nenhuma delas contém explicações evidentes, o que pensamos correto, na medida em que a criança, através do que lê ou ouve, pode inferir mensagens que as leituras lhe proporciona.

Outro aspeto relevante é a expetativa que pressupõe o final feliz. A luta, a vitória, a derrota e a punição, sugerem justiça, insinuando a esperança de futuro promissor. Estas narrativas tratam de temas angustiantes da humanidade, tais como: a origem da vida, a morte, o abandono, a perda dos pais e também a sexualidade, abordam a criação e vivências de mundos reais com personagens sobrenaturais. Os locais, onde os heróis se confrontam, são espaços muito sugestivos (monte/montanha) que podemos associar à floresta onde tudo pode acontecer, porque possuem uma grande variedade de elementos assombrosos, transformando-se em cenários fantásticos, cheios de mistérios e seres desconhecidos. Os obstáculos surgem, na montanha, no monte ou na floresta. Geralmente associa-se à montanha a ideia de meditação, elevação espiritual e, quando os obstáculos são, aqui, transpostos, o jovem está preparado para enfrentar a vida (Cirlot, 2000).

Estas narrativas, exploradas de modo adequado, constituem-se como um instrumento de extrema importância na construção do conhecimento da criança, fazendo com que ela desperte para o mundo da leitura, não só como um ato de aprendizagem, mas também como uma atividade prazerosa. Através da leitura de narrativas destes géneros, a criança apropria-se de culturas e saberes historicamente acumulados pelo homem, adquirindo informações que a ajudarão na construção da sua identidade. Ao estudar a iniciação e o simbolismo nas narrativas de Alexandre Parafita, percebemos o quanto é importante o papel mediador na exploração das narrativas de tradição oral, pois é da sua responsabilidade proporcionar à criança oportunidades de reflexão em torno das palavras e dos significados para que contribuam de forma significativa para o seu desenvolvimento intelectual a todos os níveis.

Referências

Aarne, A. & Thompson, S. (1987). *The types of the folktale. A classification and bibliography.* Helsinki: Academia Scientiarum Fennica.

Araújo, A. F. & Ribeiro, J. A. (2012). As Aventuras de Pinóquio à luz do Imaginário. *Revista Lusófona Educacional*, 22, 39-53. Disponível em

<http://revistas.ulusofona.pt/index.php/rleducacao/article/vie
w/3280>

Azevedo, F. (2003). Estudos literários para a infância e fomento
da competência literácita. In G. S. Carvalho, M. L. V. de
Freitas, P. Palhares & F. Azevedo (Orgs.), *Saberes e práticas
na formação de professores e educadores. Actas das Jornadas
DCLIM* (pp.125-132). Braga: Instituto de Estudos da Criança
da Universidade do Minho.

Azevedo, F. (2006). *Literatura infantil e leitores. Da teoria às
práticas*. Braga: Instituto de Estudos da Criança, Universidade
do Minho.

Azevedo, F. (2010). Da luta entre o bem e o mal, as crianças são
sempre vencedoras. In F. Azevedo (Coord.), *Infância,
Memórias e Imaginário. Ensaios sobre literatura infantil e
juvenil.* (pp.11-29). Braga: CIFPEC.

Azevedo, F. (2014). Os contos dos Irmãos Grimm e o seu poder
questionador. *Revista Alábe 9*, 1-8. Disponível em
<http://www.academia.edu/8270310/Os_contos_dos_Irm%C3
%A3os_Grimm_e_o_seu_poder_questionador>.

Bastos, G. (1999). *Literatura Infantil e Juvenil*. Lisboa:
Universidade Aberta.

Badescu, L. & Romero, M. N. (2007). *O conto dos enganos ao
Diabo nos limites da romanidade*. Lisboa: Apenas.

Bettelheim, B. (2011). *Psicanálise dos contos de fadas*. Lisboa:
Bertrand Editora.

Burkert, W. (2001). *Mito e mitologia.* Lisboa: Edições 70.

Campos, S. & Azevedo, F. (2007). Viagens pelos labirintos do
eu... uma leitura de Hansel e Gretel dos irmão Grimm e de
uma casa muito doce de Ana saldanha. In F. Azevedo, J. M.
de Araújo, C. S. Pereira e A. F. Araújo (Coords.), *Imaginário,
Identidades e Margens. Estudos em torno da literatura
infanto-juvenil* (pp.196-207). Vila Nova de Gaia: Gailivro.

Carmelo, L. C. (2011). *Representações da morte no conto
tradicional português.* Lisboa: Edições Colibri.

Cascudo, L. da C. (1984). *Literatura oral no Brasil*, São Paulo. Edusp/Itatiaia.

Chevalier, J. & Gheerbrant, A. (1994). *Dicionário dos símbolos. Mitos, sonhos, costumes. formas, figuras, cores, números.* Lisboa: Teorema.

Cirlot, J. (2000). *Dicionário de símbolos.* Lisboa: Publicações Dom Quixote.

Coelho, A. (2002). *Antologia contos populares portugueses.* Lisboa: Publicações Dom Quixote.

Durand, G. (1989). *As estruturas antropológicas do imaginário.* Lisboa: Editorial Presença.

Durand, G. (1998). *Campos do imaginário.* Lisboa: Instituto Piaget.

Eliade, M. (1976). *Initiation, rites, sociétés secrètes.* Paris: Gallimard.

Eliade, M. (1984). *O mito do eterno retorno.* Lisboa: Edições 70.

Eliade, M. (1992). *O sagrado e o profano.* São Paulo: Martins Fontes.

Eliade, M. (2000a). *Mitos, Sonhos e Mistérios.* Lisboa: Edições 70.

Eliade, M. (2000b). *Aspectos do mito.* Lisboa: Edições 70.

Júdice, N. (2005). *O fenómeno narrativo: do conto popular à ficção contemporânea.* Lisboa: Edições Colibri/Instituto de Estudos de Literatura Tradicional (IELT).

Kirkpatrick, E. A. (1920). *Imagination and its place in education.* Boston: Ginn and Company.

Lévi-Strauss, C. (2010). *Mito e significado.* Lisboa: Edições 70.

Llinares, M. del M. (1990). *Mouros, ánimas, demónios*: el imaginario popular gallego. Madrid: Akal Universitária.

Mesquita, A. (2002). A comédia humana dos animais. In A. Mesquita & A. Parafita (Coords.), *Pedagogias do imaginário. Olhares sobre a literatura infantil* (pp.68-77). Porto: Edições Asa.

Parafita, A. (1995). *A lenda da princesa marroquina*. Lisboa: Europress.

Parafita, A. (1996a). *A princesinha dos bordados de ouro*. Porto: Porto Editora:

Parafita, A. (1996b). *O segredo do Vale das Fontes*. Lisboa: Europress.

Parafita, A. (1999). *A comunicação e a literatura popular*. Lisboa: Plátano.

Parafita, A. (2000a). *O maravilhoso popular. Lendas, contos e mitos*. Lisboa: Plátano.

Parafita, A. (2000b). *Histórias de Natal contadas em verso*. Lisboa: Âncora.

Parafita, A. (2000c). *As três touquinhas brancas*. Lisboa: Plátano.

Parafita, A. (2001a). *Antologia de contos populares. Contos religiosos, contos novelescos, contos de fadas, contos do demónio estúpido*. Volume 1. Lisboa: Plátano.

Parafita, A. (2001b). *Branca Flor, o príncipe e o Demónio*. Alfragide: Edições Asa.

Parafita, A. (2002). *Antologia de contos populares. Contos jocosos e divertidos (de padres, mulheres, doidos, avarentos, galego...)*. Volume 2. Lisboa: Plátano.

Parafita, A. (2003a). *Diabos, diabritos e outros mafarricos*. Lisboa: Texto Editora.

Parafita, A. (2003b). *Bruxas, feiticeiras e suas maroteiras*. Lisboa: Texto Editora.

Parafita, A. (2004). *O conselheiro do rei e outras histórias de tradição oral*. Sintra: Impala.

Parafita, A. (2005). *Histórias de arte e manhas. Contos e lendas de tradição oral*. Lisboa: Texto Editora.

Parafita, A. (2006a). *A mitologia dos mouros. Lendas - mitos - serpentes - tesouro*. Vila Nova de Gaia: Gailivro.

Parafita, A. (2006b). *Histórias a rimar para ler e brincar*. Lisboa: Texto Editora.

Parafita, Alexandre (2007a). *O rei na barriga e outras histórias da tradição oral.* Porto: Ambar.

Parafita, A. (2007b). *Memórias de um cavalinho de pau.* Lisboa: Texto Editora.

Parafita, A. (2007c) *Vou morar no arco-íris.* Vila Nova de Gaia: Gailivro.

Parafita, A. (2008a). *Lobos, raposas, leões e outros figurões.* Lisboa: Texto Editora.

Parafita, A. (2008b) *Pastor de rimas.* Sintra: Impala.

Parafita, A. (2008c). *O tesouro dos maruxinhos. Mitos e lendas para os mais novos.* Alfragide: Ofícina do livro.

Parafita, A. (2009a). *Contos ao vento com o demónio dentro.* Lisboa: Plátano.

Parafita, A. (2009b). *Ardínia, a moura que morreu por amor.* Guimarães: Meiosdarte.

Parafita, A. (2010a). *Património imaterial do Douro. Narrações orais - Contos. Lendas. Mitos.* Volume I. Lisboa: Âncora.

Parafita, A. (2010b). *Património imaterial do Douro. Narrações orais - Contos. Lendas. Mitos.* Volume II. Lisboa: Âncora.

Parafita, A. (2010c). *A mala vazia e algumas histórias de tradição oral.* Lisboa: Plátano.

Parafita, A. (2010d). *Contos de animais com manhas de gente.* Lisboa: Plátano.

Parafita, A. (2011a). *Balada das sete fadas.* Lisboa: Plátano.

Parafita, A. (2011b). *Contos de animais como contam aos nossos pais.* Porto: Trampolim.

Parafita, A. (2012). *A antropologia da comunicação. Ritos – mitos – mitologias.* Lisboa: Âncora.

Propp, V. (1992). *Morfologia do conto.* Lisboa: Verga.

Ramos, A. M. (2008). *Os monstros na literatura de cordel portuguesa do Século XVIII.* Lisboa: Edições Colibri.

Reis, C. (2008). *O conhecimento da literatura – Introdução aos estudos literários.* Coimbra: Almedina.

Reis, C. & Lopes, A. C. (1987). *Dicionário de narratologia.* Coimbra: Almedina.

Rodari, G. (2006). *Gramática da fantasia. Introdução à arte de inventar histórias.* Lisboa: Editorial Caminho.

Silva, V. M. de A. e (2011). *Teoria da literatura.* Coimbra: Almedina.

Sodré, M. & Paiva, R. (2002). *O império do grotesco.* Rio de Janeiro: Mauad Editora.

Torres, M. G. (2003). *A arte de contar histórias com palavras e imagens. O Capuchinnho Vermelho.* Braga: Edições APPACDM.

Traça, M. E. (1992). *O fio da memória. Do conto popular ao conto para crianças.* Porto: Porto Editora.

Vasconcelos, J. L. de (1963) *Contos populares e lendas.* Volume I. Coimbra: Por Ordem da Universidade.

Vieira, A. (2000). *Corre corre, cabacinha.* Alfragide: Editorial Caminho.

Vierne, S. (2000). *Rite roman initiation.* Grenoble: Presses Universitaires de Grenoble.

CAPÍTULO 2

Em busca de uma identidade.
O corpo de Pinóquio narrado através da sua biografia [3]

Alberto Filipe Araújo
Joaquim Machado de Araújo

> "O corpo de Pinóquio é o verdadeiro protagonista das aventuras, um corpo que escapa constantemente à possibilidade de controlo da subjetividade"
>
> Antonio Gagliardi. *Il burattino e il labirinto.*

Introdução

Nas suas *Aventuras*, Pinóquio era um boneco de madeira que, excetuando a passagem do "teatrinho de fantoches", era tratado como um rapaz como os demais, enfim como uma pessoa deste mundo. Dizemos bem, um boneco de madeira que, paradoxalmente, todo o mundo via como sendo um rapaz, quando

---

[3] Araújo, A. F. & Araújo, J. M. (2015). Em busca de uma identidade. O corpo de Pinóquio narrado através da sua biografia. In F. Azevedo (Coord.), *Literatura para Crianças e Jovens. Da memória ao leitor* (pp. 59-82). Braga: Centro de Investigação em Estudos da Criança / Instituto de Educação. ISBN: 978-972-8952-38-9.

Pinóquio era, como ele o sabia, um boneco de madeira falante e hiperativo, o que já não era pouco. Ressalta aqui uma ambiguidade que atravessa as suas aventuras, dando lugar a toda uma vivência contraditória do nosso boneco de madeira: um boneco com corpo de madeira que sentia como um corpo humano (Rosa, 1995: 905-907). Apenas um boneco com um corpo de madeira, com comportamento de criança traquina e esperta que, quando disso se dava conta, muito desejava ser uma criança como aquelas com as quais ele brincava na escola. Por outras palavras, Pinóquio desejava, muitas vezes, também ter um corpo humano.

Apesar do plano de Gepeto consistir em esculpir um boneco de madeira (ainda que belo) para uso lúdico, o facto é que Pinóquio desde o seu "nascimento" não estava "talhado" para ser uma simples e vulgar marionete nas mãos do seu construtor-fazedor (Collodi, 2004: 13-21; Jamain, 2010: 241-268). O seu destino, sob a proteção da Fada azul-turquesa (plano mágico e educacional), estava traçado: o de transformar-se num rapazinho como todos os demais depois de viver algumas aventuras de tipo iniciático (plano antropológico e mítico-simbólico), e graças também às boas-ações que ele teve para com seu pai (plano moral e afetivo).

Neste estudo, contamos *As Aventuras de Pinóquio* (1883) de Carlo Collodi (Bertacchini, 1993; Rosa, 2009: 59-65) num conjunto de vinte lições ao longo das quais a biografia[4] de Pinóquio será especialmente encarada a partir das transformações do seu corpo de vegetal, de animal e de rapaz que retratam a sua trajetória na busca de uma nova identidade.

---

[4] Para uma biografia de Pinóquio, leia-se, entre outros, com proveito, o livrinho de Rossan Dedola, *Pinocchio e Collodi*, p. 169-238.

Nasceu Pinóquio num corpo de madeira: à procura de uma identidade

O destino de Pinóquio mudou no momento em que o mestre António desistiu de fazer uma perna de mesa do pedaço de madeira que lhe veio parar às mãos por mero acaso e acabou por oferecer ao seu amigo Gepeto, ocultando, contudo, que se tratava de um pedaço de madeira muito estranho e que lhe tinha causado muito medo: um pedaço de madeira, certamente mágico, pois falava e ria (Collodi, 2004: 6-7)[5].

Gepeto não perdeu tempo e começou de imediato a "esculpir e a construir o seu boneco" com o "belo pedaço de madeira" : "Pensei em construir – diz Gepeto ao mestre António – um belo boneco de madeira; mas um boneco maravilhoso, que saiba dançar, fazer esgrima e dar saltos mortais. Quero correr mundo com esse boneco, para granjear um naco de pão e um copo de vinho" (Collodi, 2004: 10). Assim, o destino de Pinóquio deu uma reviravolta porque agora, nas mãos de Gepeto, era o de transformar-se num boneco de madeira maravilhoso, manipulado, como uma marionete, por Gepeto para servir de simples entretenimento em mercados e feiras a fim de dar algum sustento

---

[5] Niurka Règle (2003 : 116) observa o seguinte: "Il y a donc, dès le début du récit, une 'inconvenance', un détournement social acentué par l'irruption de la parole chez la bûche sous forme d'une familiarité malséante, à travers un tutoiement, qui fait irruption dans la scène de façon tonitruante". O pedaço de madeira, muito semelhante a uma canhota, grita, fala e ri o que torna tudo muito estranho aos olhos do Mestre Cereja que caiu como fulminado e desfigurado por tudo aquilo que vira e ouvira. Sem dúvida que o pedaço de madeira que falava, como se de um humano se tratasse, prefigura bem o tipo de marionete que será no futuro.

ao pobre carpinteiro. Assim, pela mão de Gepeto, na sua qualidade de carpinteiro/escultor, um pedaço de madeira informe passaria a ganhar forma de boneco de madeira para realizar o sonho do pobre e solitário Gepeto que nele via uma forma de socializar-se e ser reconhecido pela sua comunidade.

Entretanto, antes de começar a sua obra, Gepeto deu-lhe o nome de Pinóquio. Assim, nascia um boneco de madeira que tanto iria fazer sofrer aquele que lhe deu vida. O primeiro sinal de que algo seria diferente começou com os olhos do boneco que olhavam fixamente o seu progenitor. Outro sinal de que algo fugia decididamente da "normalidade" aconteceu quando Gepeto lhe fez o nariz, e mal o tinha feito, ele não parava mais de crescer transformando-se "num nariz que nunca mais acabava" (Collodi, 2004: 16). Apesar de todos os esforços de Gepeto para o cortar, o nariz continuava a crescer: "O crescimento sem limites, neste caso, não é outra coisa senão uma piada típica da tradição marionetista" (Rosa, 1995: 911; Bosetti, 2003: 27; Perrot, 2003: 266-269). Para piorar a situação anómala do seu nascimento, Gepeto fez-lhe a boca que começou logo a rir (que é um ato humano) e deitar a língua de fora... e continuou a fazer-lhe o resto do corpo (o queixo, o pescoço, os ombros, o tronco, os braços e as mãos, exceto as orelhas que se esqueceu de esculpir). Mal o boneco se apanhou com as mãos feitas arrancou a peruca de Gepeto deixando-o muito enfurecido, "triste e melancólico como nunca se sentira em toda a sua vida" (Collodi, 2004, p.16).

Gilbert Bosetti (2003 : 23) recorda que "Geppetto esqueceu-se de lhe fazer as orelhas e, por isso, o fantoche não o escuta e o seu autor-criador só se aperceberá quando, em vão, lhe quiser puxar pela sua escapadela". Assim que finalizou a sua criação, e depois de dele já ter sofrido tantas tropelias, gestos insolentes e trocistas, Gepeto exclamou: " – Que garoto tão malandro! Ainda não estás acabado de fazer e já começas a faltar ao respeito ao teu pai. Mau, meu rapaz, muito mau!" (Collodi, 2004: 16). Com estas palavras Gepeto, estava a traçar uma das caraterísticas principais da personalidade de Pinóquio. Aliás, este traço de personalidade, em desacordo com o ideal educativo e moral de oitocentos de uma Itália rural e pré-industrial, iria acentuar-se quando Pinóquio mata o Grilo-Falante que, encarnando a consciência moral para uns, o superego para outros, procurou chamar-lhe a atenção e corrigi-lo da atitude maldosa que ele teve para com o pai adotivo: " – Ai dos meninos que se revoltam contra os pais e que têm o atrevimento de fugir da casa paterna. Nunca encontrarão o bem neste mundo, e mais tarde ou mais cedo hão de arrepender-se amargamente" (Collodi, 2004: 20). Estas palavras, de cunho moral, constituem a primeira lição de Pinóquio e que ele nem quis ouvir (1ª lição).

O Grilo-Falante pacientemente ainda lhe falou da importância da escola e do estudo, de aprender um ofício. A resposta pronta de Pinóquio, que já estava perdendo a paciência, não se fez esperar: de "todos os ofícios do mundo, há só um de que eu gosto. – E qual é ele? [perguntou o Grilo-Falante] – O de comer, beber, dormir, divertir-me e levar a vida de vadio de manhã à noite" (Collodi, 2004: 21). O Grilo-Falante, ao ouvir estas palavras, não deixou de sentir pena do boneco com cabeça de pau e disse-o: "- Porque és um boneco, e o pior é que tens uma cabeça de pau" (Collodi, 2004: 21). Pinóquio ao ouvir estas palavras enfureceu-se e lançou-lhe um martelo de madeira à cabeça que matou, ainda que não fosse essa a intenção, o pobre Grilo contra a parede. Esta morte simboliza que o boneco de madeira, criado por Gepeto, não queria ouvir qualquer tipo de lição que contrariasse o seu ofício predileto, o de levar uma "boa vida", que tinha, aliás, sido a causa da morte do Grilo-Falante.

Depois de voltar a casa de seu pai adotivo, Pinóquio queimou os pés e recebeu uma nova lição (2ª lição), desta vez de Gepeto, que ao vê-lo esformeado deu-lhe as três peras que tinha consigo, mas Pinóquio só as comia se seu pai as descascasse. Ouvindo esta exigência, Gepeto replicou: "Nunca podia imaginar que tu, meu rapaz, fosses tão bicoso e tão esquisito de boca. Está mal! Neste mundo, é preciso habituarmo-nos desde pequeninos a ter boa boca e a comer de tudo, porque nunca se sabe aquilo que nos pode acontecer. Já se viu tanta coisa!..." (Collodi, 2004: 31). Seguidamente, Gepeto faz outra vez os pés de Pinóquio e este só o conseguiu implorando muito e prometendo ainda mais: que era melhor que os outros miúdos, que prometia dizer sempre a verdade, que aprenderia um ofício e que seria, por fim, o consolo e o amparo de Gepeto na sua velhice (Collodi, 2004: 33). Neste contexto, o corpo de madeira do nosso boneco ganhou um novo fôlego, pois em menos de uma hora Gepeto fez "dois pezinhos esbeltos, magros e nervosos, como se tivessem sido esculpidos por um artista de génio" (Collodi, 2004: 34).

Pinóquio, contente com os seus novos pés, quis ir logo para a escola para contentar seu pai adotivo e aí aprendeu a sua 3ª lição: "- Porque, não te esqueças do que te vou dizer, não é o fato bonito que faz o senhor, mas sim o fato limpo" (Collodi, 2004: 35). Também nesta lição aprendeu como era triste ser pobre e miserável, assim como aprendeu também como o seu pai Gepeto era generoso ao ponto de ter vendido o seu velho casaco para comprar uma cartilha escolar para que o filho pudesse ir à escola: "E aquele infeliz merece isso mesmo, porque, enfim, para me comprar os livros e mandar-me educar ficou em mangas de camisa... com um frio destes! Só os pais é que são capazes de fazer certos sacrifícios" (Collodi, 2004: 37).

Uma lição que durou pouco. Lendo-se os capítulos IX e X sabe-se que Pinóquio vendeu a sua cartilha para poder entrar no teatrinho de fantoches para assistir ao espetáculo que era uma comédia. No teatrinho a sua condição de marionete, de fantoche de madeira aparece enfatizada pela voz de Arlequim: " – Pinóquio, vem ter comigo aqui acima! – grita Arlequim – vem lançar-te nos braços dos teus irmãos de madeira!" (Collodi, 2004: 42). Aliás, Carlo Collodi faz questão de afirmar que ele foi euforicamente recebido pela "companhia dramático-vegetal" (2 Collodi, 2004: 42), o que faz ressaltar a constituição vegetal de

Pinóquio. Esta cena acabou por proporcionar ao nosso boneco de madeira o seu primeiro gesto de generosidade e de solidariedade (4ª lição). Quando se livrou da fogueira onde Trinca-Fortes – o dono dos fantoches – o queria colocar para melhor assar um carneiro, e vendo que o seu amigo Arlequim ia sofrer o mesmo destino, pediu piedade e clemência ao Trinca-Fortes para poupá-lo de sofrer aquela morte horrível. Como o dono dos fantoches insistia em queimar Arlequim, Pinóquio gritando com bravura ofereceu-se para substituir Arlequim e ser lançado para a fogueira: "Não, não é justo que o pobre Arlequim, o meu verdadeiro amigo, tenha de morrer por mim" (Collodi, 2004: 47). Todos choravam, Trinca-Fortes não dava sinal de vergar até que, diante do gesto heroico de Pinóquio, se comoveu e concedeu clemência ao seu amigo Arlequim, que não é mais do que o seu alter-ego de madeira. Tudo acabou com os fantoches celebrando, muito contentes, no palco da companhia até ao alvorecer e este foi certamente um dos momentos mais felizes de Pinóquio na qualidade de boneco de madeira.

Pinóquio partiu com as cinco moedas de ouro que Trinca-Fortes lhe tinha dado para entregar ao pai. No entanto, deixou-se ludibriar pela Raposa e pelo Gato que lhe prometeram triplicar as moedas se Pinóquio as enterrasse no chamado Campo dos Milagres. E é durante a noite, a caminho do Campo dos Milagres, que Pinóquio se cruza com o fantasma do Grilo-Falante (recorde-se que Pinóquio o tinha morto no capítulo IV) que lhe dá um novo conselho, sendo este a 5ª lição de Pinóquio:

> Volta para trás e leva ao teu pobre pai as quatro moedas de ouro que te restam, pois ele chora e desespera-se por nunca mais te ter visto. [...] – Meu rapaz, não te fies naqueles que prometem tornar-te rico da noite para o dia. Normalmente, ou são loucos ou intrujões. Faz o que te digo, volta para trás. [...] – Lembra-te que os rapazes que querem agir de acordo com os seus caprichos e conforme lhes apetece, mais tarde ou mais cedo arrependem-se (Collodi, 2004: 58).

Mais uma vez, aparece no caminho de Pinóquio o Grilo-Falante, ainda que desta vez fosse o seu fantasma, para lhe dar mais um sábio conselho que o boneco de madeira recusou teimosamente aceitar. E o resultado é que encontrou os assassinos (a raposa e o gato) e, apesar de muitos esforços, não logrou escapar-lhes. Nesta perseguição aquilo que importa destacar é a natureza dura do corpo boneco: "Mas o boneco, por sorte, era feito de uma madeira muito dura, e por isso as lâminas se despedaçaram e se fizeram em mil lascas, e os assassinos ficaram com os cabos das facas na mão a olharem para a cara um do outro" (Collodi, 2004: 64-65). Pinóquio, aos olhos dos seus assassinos, tornou-se, devido à sua natureza vegetal, subitamente imortal. Por isso mesmo decidiram enforcá-lo num ramo do Carvalho Grande.

Precisamente no momento em que Pinóquio já parecia estar mais morto do que vivo, dá entrada em cena (Capítulo XVI) a "linda Menina de cabelos azul-turquesa", uma Fada bondosa que há muito vivia naquele bosque, que o salva de uma morte certa. Neste capítulo volta a dizer-se que Pinóquio era "um verdadeiro pedaço de madeira" (Collodi, 2004: 70), mas tratado como se de um rapaz de carne e osso se tratasse, ou seja, tratado antropomorficamente. Aliás, basta ver o diálogo dos médicos (Corvo, Coruja, Grilo-Falante (fantasma?)) mandados chamar pela Fada azul (Collodi, 2004: 70). No capítulo seguinte (XVII) aparece, mais uma vez, a referência à natureza não humana de Pinóquio: "pois é bom que se saiba que os bonecos de madeira têm o privilégio de adoecerem raramente e de curarem num instante" (Collodi, 2004:73).

No capítulo XVIII assiste-se a uma das cenas emblemáticas das *Aventuras de Pinóquio* que é a cena do nariz que cresce quando Pinóquio (Montandon, 2007: 725-726), a propósito das moedas de ouro, mentiu à Fada azul dizendo-lhe que as tinha perdido quando, na verdade, as tinha escondido no seu bolso. À medida que a conversa se desenrolava, e as mentiras também, o seu nariz não parava de crescer: " A tua [a espécie de mentiras de Pinóquio] é precisamente das que têm o nariz comprido" e o boneco de madeira envergonhou-se tanto que tentou fugir do quarto, mas não foi capaz porque "O seu nariz tinha crescido tanto, que já não passava pela porta" (Collodi, 2004: 78). E é esta passagem que nos conduz à 5ª lição das Aventuras. A Fada azul antes de fazer o nariz do boneco diminuir deixou-o berrar e chorar e "fê-lo para lhe dar uma severa lição e para que ele se corrigisse daquele vício tão feio de mentir, o pior vício que uma criança pode ter" (Collodi, 2004: 79).

No entanto, Pinóquio nada aprendeu com a história do nariz comprido. Como boneco mandrião, preguiçoso, vadio, malcomportado, desobediente, ingrato, irresponsável, mariola, sem coração, teimoso e casmurro e o pior filho que pode haver, em vez de ter ido, tal como tinha prometido à Fada azul, encontrar-se com Gepeto preferiu ter ido com a Raposa e o Gato semear as 4 moedas de ouro que lhe restavam no Campo dos Milagres situado na cidade dos Caça-Néscios. Este episódio constitui a 7ª lição de Pinóquio que, desta vez, lhe foi dada por um "grande Papagaio" que se ria da ingenuidade de Pinóquio e dele se ter deixado enganar pelos dois parceiros de má-memória: "– Rio-me dos néscios que acreditam em todos os disparates e se deixam enganar por quem é mais esperto do que eles" (Collodi, 2004: 86). E logo a seguir, a 8ª lição, decorrente da sétima, não se faz esperar e o Papagaio disse a Pinóquio: "Agora (mas agora é tarde!) fui obrigado a convencer-me de que para juntar algum dinheiro honestamente é preciso saber ganhá-lo, quer com o trabalho das nossas mãos quer com a inteligência da nossa cabeça" (2004, p. 86).

Já mais adiante, no capítulo XXI, assistimos a mais uma lição dada a Pinóquio por um Pirilampo (9ª lição) que incidia sobre o não roubar [dois cachos de uva moscatel] aquilo que é dos outros (Collodi, 2004: 94-95). Neste capítulo lê-se que Pinóquio é encarado pelo dono do campo como se de um rapaz se tratasse – "verificou [o dono do campo] que em vez de uma fuinha lá ficara preso um rapaz" (Collodi, 2004: 94) –, mas logo a seguir volta a ser tratado como um boneco: "agarrou [o dono do campo] o boneco pelo cachaço" (Collodi, 2004: 94) e fê-lo seu cão de guarda. Nesta condição Pinóquio muito se arrependeu de ser mandrião e vadio e não ser um miúdo bem-comportado, estudioso, obediente e trabalhador. No capítulo seguinte (XXII), é espaço para Pinóquio demonstrar também que não tinha só defeitos, mas também algumas virtudes espelhadas pelo seu bom comportamento e pelo seu bom coração[6]: não denunciou o acordo vergonhoso que existia entre o cão Argo do lavrador e as fuinhas nem aceitou, apesar de todos os seus defeitos, o acordo que as fuinhas lhe propuseram para não ladrar durante o roubo das galinhas – "Porque é preciso que se saiba que eu sou um boneco que até posso ter todos os defeitos deste mundo, mas um que nunca hei de ter é o de aparar o jogo e fazer panelinha com gente desonesta!" (Collodi, 2004: 100)[7]. Como resultado do seu gesto, o lavrador deu-lhe a liberdade.

---

[6] A este propósito, leia-se a seguinte passagem: " – Se soubesses a dor e o aperto na garganta que eu senti quando li 'AQUI JAZ…'. – Bem sei; e foi por isso que te perdoei. A sinceridade da tua dor fez-me ver que tinhas um bom coração; e quando os miúdos têm bom coração, mesmo quando são um bocado travessos e mal-educados, pode-se sempre esperar alguma coisa deles: isto é, pode-se sempre ter esperança de que entrem no bom caminho. Foi por isso que vim até aqui à tua procura. Serei a tua mãe" (Collodi, 2004: 117). Também nos capítulos XVII e XVIII Pinóquio demonstrou ter bom coração: num primeiro momento relativamente Eugénio, o seu colega de escola que ele julgava morto ou, pelo menos, gravemente ferido, e num segundo momento quando salvou o cão Flecha de morrer afogado no mar.

[7] Quando reencontrou a Fada azul na Ilha das Abelhas Laboriosas Pinóquio também se mostrou muito sensível, dizendo: "Ó minha Fadazinha, minha Fadazinha!... diz-me que és tu, que és mesmo tu! Não me faças chorar mais! Se soubesses!... Chorei tanto, sofri tanto!... E enquanto assim falava, Pinóquio

E, se na passagem anterior se constata que Pinóquio se apreendia como um boneco e não como um rapaz como os demais, o capítulo XXIII reforça essa mesma ideia quando se lê que os seus cabelos eram de madeira e que, "Como era todo feito de madeira, Pinóquio flutuava facilmente e nadava como um peixe" (Collodi, 2004: 106). Já no capítulo XXV, no seguimento de Pinóquio ter reencontrado a Fada azul, Pinóquio exprimiu um grande desejo, o desejo de chamar mãe à Fada, porque tinha vontade de ter também uma mãe à semelhança de outras crianças, e ouviu da boca da Fada que não podia crescer mais: "– Porque os bonecos nunca crescem. Nascem bonecos, crescem bonecos e bonecos morrem" (Collodi, 2004: 116). Ao ouvir novamente que era apenas um boneco, Pinóquio, "farto de ser sempre boneco!", não aguentou e gritou que queria também ser um homem (Collodi, 2004: 116). Mas para atingir esse objetivo, Pinóquio, segundo os conselhos da Fada, tinha que "ser um rapaz bem-comportado" e, para o ser verdadeiramente, ele tinha que ser obediente, dedicado ao estudo e ao trabalho, não podia ser mandrião nem vadio, dizer sempre a verdade (Collodi, 2004: 116). Ouvindo estes sábios e ponderados conselhos, de imediato prometeu à Fada que mudaria de vida para poder transformar-se num miúdo bem-comportado. No entanto, quando a Fada lhe lembrou a necessidade de voltar à escola e de aprender uma arte ou um ofício já não gostou, porque não estava na sua natureza vegetal aprender as coisas das crianças humanas. A sua vocação, como sabemos, não era nem de esforçar-se para aprender, nem de trabalhar porque tudo era muito cansativo. E é no final do capítulo XXVI que Pinóquio, por intermédio da Fada, recebe a

---

chorava copiosamente e, ajoelhado no chão, abraçava os joelhos daquela mulher misteriosa" (Collodi, 2004: 112-113).

sua 10ª lição. A Fada ouvindo a resposta do boneco às suas propostas replicou:

> – Meu rapaz – disse a Fada –, os que falam assim [dizer que o trabalho é cansativo] acabam quase sempre na prisão ou no hospital. Pois fica sabendo que o homem, quer nasça rico quer nasça pobre, tem a obrigação de fazer alguma coisa neste mundo, de ter uma ocupação, de trabalhar. Ai daquele que se entrega ao ócio! O ócio é uma doença terrível que é preciso curar logo, desde miúdo; senão, quando somos crescidos já não temos cura (Collodi, 2004:118).

Ouvindo estas palavras, Pinóquio prometeu à Fada estudar e trabalhar porque afinal já estava farto da vida de boneco e queria transformar-se num rapaz custasse aquilo que custasse. Por aqui se constata que Pinóquio ansiava ser mais do que um simples boneco de madeira, ele queria vivamente mudar de natureza, ter um outro corpo, enfim transformar-se num rapaz de carne e osso. Desejo este acentuado pelo retorno de Pinóquio à escola municipal, tendo de imediato sido objeto de risota e de troça geral por parte dos seus colegas "quando viram entrar na escola um boneco" (Collodi, 2004: 119), onde teve a sua 11ª lição dada pela Fada azul, além do seu professor o ter igualmente avisado, a respeito do boneco conviver com as más-companhias da escola: " – Cuidado, Pinóquio! Aquelas tuas más companhias da escola mais cedo ou mais tarde acabam por te fazer perder o amor ao estudo e, quem sabe, por te causar alguma desgraça das grandes" (Collodi, 2004: 120). Estas palavras concretizaram-se, qual profecia, na ida de Pinóquio à praia, com os seus companheiros de escola, para ver o Tubarão que afinal não viu. Por conseguinte, Pinóquio faltou à escola, interrompendo a aprendizagem que estava correndo muito bem devido à sua atenção e empenhamento.

No capítulo XXVIII, no seguimento de ter salvado o cão Flecha de afogamento, Pinóquio recebeu a 12ª lição que lhe foi dada precisamente pelo cão: "Muito obrigado por me teres salvo da morte. Fizeste-me um grande favor, e neste mundo todas as ações têm a sua recompensa. Se a oportunidade surgir, conta comigo" (Collodi, 2004: 132). Nesse mesmo capítulo, Pinóquio, falando com o pescador verde e medonho que o tinha pescado, assumiu-se como um boneco: " – Qual caranguejo, qual quê! Veja lá como me trata! Eu, para sua informação, sou um boneco" (Collodi, 2004: 134) – um boneco que fala e que raciocina como um ser humano, mas que iria ser frito como os demais peixes capturados pelo pescador verde. Eis senão quando, Flecha salva-o de uma fritura certa e aproveita para dar ao boneco a sua 13ª lição: " – Como te estou agradecido! – disse o boneco – Não é preciso agradecer – replicou o cão. – Tu salvaste-me, e todas as ações têm a sua paga. Já se sabe: neste mundo temos de nos ajudar uns aos outros" (Collodi, 2004: 138). Esta lição consagrava um dos valores mais respeitados entre humanos e entre humanos e animais: o valor da amizade, pelo que "Flecha, rindo, estendeu a pata direita ao boneco, que lha apertou com força em sinal de grande amizade" (Collodi, 2004: 138). Também é neste capítulo que o nariz de madeira de Pinóquio cresce novamente por ele ter mentido ao pescador, sobre si próprio quando conversavam sobre Eugénio que afinal se tinha curado e regressado a casa e só voltou a ter o nariz normal quando disse a verdade sobre si. Novamente aqui Pinóquio aparece na condição de boneco: "e quando o boneco tentou tirá-lo [o seu pé que estava enterrado na porta de madeira], todo o esforço tinha ficado espetado na madeira como se fosse um prego de rebite" (Collodi, 2004: 142). Reencontrou novamente a Fada azul, portou-se bem e foi o melhor aluno da escola, que lhe prometeu transformar num rapaz o boneco que Pinóquio era: "– Amanhã [disse a Fada] deixarás de ser um boneco de madeira e passarás a ser um rapaz a sério" (Collodi, 2004: 144).

Quando tudo parecia correr bem, porque "na vida dos bonecos há sempre um mas que estraga tudo" (Collodi, 2004:

144), eis que Pinóquio pediu à Fada para sair e convidar os seus companheiros para a festa e recebe a sua 14ª lição: " – Cuidado, Pinóquio! Os miúdos são muito prontos a prometer, mas a maior parte das vezes tardam a cumprir. [...] Porque os miúdos que não fazem caso dos conselhos de quem sabe mais do que eles acabam sempre por ir ao encontro de alguma desgraça" (Collodi, 2004: 145). E de facto, mais uma vez, assim sucedeu porque estas palavras foram ditas aquando do encontro de Pinóquio com o seu amigo Palito que lhe falou, em forma de uma tentação irresistível, da sua ida para a Terra da Brincadeira que considerava "a melhor terra deste mundo: uma verdadeira maravilha!" (Collodi, 2004: 147)[8]. Palito foi tão convincente na idealização da Terra da Brincadeira que Pinóquio rapidamente se esqueceu das promessas que tinha feito à sua mãe Fada azul e três vezes exclamou: " – Que beleza de terra!... que beleza de terra!... oh! mas que beleza de terra" (Collodi, 2004: 150). E Pinóquio parte com Palito para essa "beleza de terra".

Porém, na viagem de carruagem que o levaria à Terra da Brincadeira, Pinóquio recebeu de um dos burrinhos que puxava a carruagem a sua 15ª lição:

> – Pobre pateta, quiseste fazer o que te apeteceu mas hás de arrepender-te. [...] – Mete isto na cabeça, palerma! Os miúdos que deixam de estudar e voltam as costas aos

---

[8] Palito descreve esta Terra como uma terra bendita governada pelos princípios de prazer e da felicidade eternas: "Lá não há escolas, não há professores e não existem livros. Naquela bendita terra nunca se estuda. Ao sábado não há escola, e as semanas lá compõem-se de seis sábados e um domingo. Imagina tu que as férias de Verão começam no primeiro dia de Janeiro e terminam no último dia de Dezembro. Aí está uma terra como eu de facto gosto! Aí está como deviam ser todas as terras civilizadas! – Mas como é que se passam os dias na Terra da Brincadeira? – Passam-se a brincar e a divertir-se de manhã à noite. Quando é noite vai-se par a cama, e na manhã seguinte começa-se a brincar outra vez. O que te parece?" (Collodi, 2004: 147).

livros, à escolas e aos professores para se entregarem completamente à brincadeira e ao divertimento, acabam sempre por ter um triste fim... Eu aprendi isso à minha custa... e posso dizer-to. Chegará o dia em que também tu hás de chorar, como eu hoje choro... mas nessa altura já será tarde. (Collodi, 2004: 154-155).

Ao ouvir estas palavras do burrinho, Pinóquio ficou aterrorizado porque elas lhe evocavam precisamente todo o seu passado de promessas e de traições, de ilusões e de desilusões. Numa palavra, essas palavras lembraram-lhe todos os seus piores defeitos, particularmente o da desobediência. Depois de as ouvir, Pinóquio chegou à Terra da Brincadeira: era uma terra que "não se parecia com nenhuma outra terra do mundo" (Collodi, 2004: 155). E nela ficou durante cinco meses sem dar pelo tempo passar, pois a sua vida era uma maravilha: um tempo todo dedicado à brincadeira que o fazia feliz e contente. Mas, após esses cinco meses de boa vida, Pinóquio teve uma surpresa quando acordou que o deixou aterrado: começava a ser um outro. A sua identidade de boneco de madeira com um corpo vegetal estava paulatinamente a dar lugar a um outro corpo desta vez animalizado em forma de burrinho[9].

Pinóquio transforma-se em asno: o corpo animal

No capítulo XXXII assiste-se à transformação de Pinóquio em burrinho: primeiro nasceu-lhe um "belo par de orelhas de

---

[9] O "triste fim" do episódio da Terra da Brincadeira imprime-lhe um caráter de distopia, acentuado pelas caraterísticas utópicas que Carlo Collodi lhe imprime (Araújo; Araújo, 2012) com o objetivo de realçar que o tempo formativo de Pinóquio, mesmo passando por aí (o sonho de qualquer criança), deveria ser agora o tempo de escola, enquanto local social da educação formal, que ele jamais deveria ter abandonado (Araújo, 2015).

asno" e em seguida transforma-se num "burrico com cauda e tudo". Uma notícia que lhe foi confirmada por uma Marmotinha que lhe disse ser o seu destino inelutável: "Fica sabendo que daqui a duas ou três horas já não serás nem boneco nem rapaz... – E que serei? – Daqui a duas ou três horas passarás a ser um burrinho de verdade, como aqueles que puxam as carroças e levam as couves e as alfaces para o mercado"[10] (Collodi, 2004: 160). E por esta mesma Marmotinha o boneco recebeu a sua 16ª lição: "Está escrito nos decretos da sabedoria que todos os miúdos mandriões que aborrecem os livros, as escolas e os professores e passam os dias na brincadeira e em jogos e divertimentos, mais cedo ou mais tarde acabam por se transformar em burrinhos" (2004: 160-161). Esta lição deu azo a que Pinóquio fizesse mais uma autocrítica do seu comportamento e, particularmente, se assumisse como "um boneco sem juízo... e sem coração", dizendo: "e a esta hora [se não tivesse desobedecido à Fada que gostava dele como um mãe] eu já não seria um boneco, seria um rapazinho como deve ser, como tantos outros" (Collodi, 2004: 162)[11].

Entretanto, o nosso boneco recebe a sua 17ª lição, quando ficou completa a sua transformação em burrinho (Collodi, 2004: 166). Esta transformação em asno já era de *per se* uma lição simbolizada pelo nascer da cauda que significava, do ponto de vista psicológico e moral, vergonha, humilhação, desgosto e

---

[10] A Marmotinha dá conta da ambiguidade, aliás presente em toda a obra, com que Pinóquio era encarado e tratado: ora como boneco, ora como rapaz. Embora a sua aparência fosse de boneco de madeira, ele comportava-se como um rapaz como todos os outros porque exprimia emoções, pensava e falava. Fazemos notar que esta ambiguidade recorrente na obra de Collodi mereceria uma análise mais detalhada que no nosso estudo não poderá ser desenvolvida.

[11] Nesta passagem constata-se que Pinóquio tinha consciência da sua identidade de boneco de madeira que era e que não era um rapazinho como tantos outros, ou seja, que tivesse um corpo humano e não de madeira.

infausto destino[12]. Neste contexto, não podemos deixar de sublinhar que nos encontramos num momento crucial do nosso estudo sobre as várias transformações que o corpo de Pinóquio sofre: Pinóquio não é mais um boneco de madeira, agora a sua condição asinina recorda-lhe durante muito tempo que o seu destino é o de animal de quatro patas ao serviço de vários donos (o homem do circo e o comprador que queria aproveitar a sua pele para um tambor) (Collodi, 2004: 167-179).

Mas o destino de Pinóquio vai mudar, como veremos seguidamente, porque o seu segundo dono, sem nunca o ter imaginado, acabou por restituir-lhe a sua antiga identidade, a de boneco de madeira, quando o afogou, para depois esfolar-lhe a pele, e quando o retirou do mar viu, para sua surpresa, que em vez de um burrinho morto estava antes um boneco vivo (Collodi, 2004: 184).

Pinóquio é novamente um boneco de madeira

No capítulo XXXIV, Pinóquio volta de novo a ser um boneco animado deixando a sua condição asinina: "Em vez de um burrinho morto, viu [o comprador] aparecer à tona de água um boneco vivo que se contorcia como uma enguia. [...] E o burrinho que atirei ao mar, onde está? – O burrinho sou eu – respondeu o boneco, a rir" (Collodi, 2004: 181). Por outras palavras, Pinóquio-burrinho ou asno por ação de um cardume de peixes enviado pela Fada[13] libertou-se da sua pele de burro

---

[12] Num dos nossos estudos, dedicados ao Pinóquio, debruçamo-nos sobre o simbolismo desta transformação (Araújo; Araújo; Ribeiro, 2012: 29-32).

[13] Pinóquio explica ao comprador quem era a Fada, sem antes ter-se mostrado reconhecido ao seu novo dono por o ter afogado em vez de o ter logo morto, e essa explicação revelou-se mais uma ocasião para Pinóquio fazer mais uma autocrítica do seu mau comportamento e das suas leviandades (Collodi, 2004:183).

voltando à condição anterior de boneco de madeira: " – Mas como é que tu ainda há pouco eras um burrinho e agora, dentro de água, te transformaste num boneco de madeira?" (Collodi, 2004: 182).

Depois de escapar de uma morte certa por afogamento, se não fosse a ajuda providencial da sua Fada- mãe, e de ser uma pele de tambor, Pinóquio foi engolido pelo terrível Tubarão monstruoso, que mais parecia uma baleia[14] e tinha a alcunha de "o Átila dos peixes e pescadores" (Collodi, 2004: 185). E no interior escuro do Tubarão encontrou um pobre Atum dizendo-lhe: "- Eu não tenho nada a ver com peixes. Eu sou um boneco" (Collodi, 2004: 187). Mais uma vez, aparece Pinóquio a assumir a sua condição vegetal, a de boneco de madeira. Despede-se do seu bom amigo Atum e no escuro vai ter com um velhinho que também tinha sido devorado ou engolido pelo terrível Tubarão. Este reencontro foi um pretexto para Pinóquio fazer um resumo das suas aventuras ao seu pai (que já estava no ventre escuro do tubarão mais ou menos há dois anos) e fazer uma nova autocrítica da sua ingratidão e desobediência. Em seguida, decidiu fugir com o seu pai daquela prisão escura, que era o ventre do Tubarão Átila, para escaparem a uma dolorosa morte por digestão do Tubarão.

---

[14] Embora a tradução correta seja de facto a de "Tubarão" ficamos sempre com a sensação que se tratava antes de uma baleia. Esta sensação difusa deixa planar a ideia de que Carlo Collodi, aliás Carlo Lorenzini, sofria de "Complexo de Jonas" tão finamente analisado por Gaston Bachelard na sua obra *La Terre et les rêveries du repos*, pp. 147-204.

A nova identidade de Pinóquio: um rapazinho em corpo humano

Finalmente, no capítulo XXXVI, assistimos ao epílogo em que Carlo Collodi narra os últimos acontecimentos que levam Pinóquio a deixar de ser um boneco e a transformar-se num rapaz. Graças à ajuda do Atum, que também se tinha escapado do interior do Tubarão, chegaram sãos e salvos à praia. Depois de andarem pelos campos e de Pinóquio ter reencontrado novamente o casal Raposa e Gato e não ter caído na tentação de a eles se juntar, encontraram uma cabana cujo dono era o Grilo-Falante (ou o seu fantasma?) e Pinóquio aproveitou imediatamente para lhe pedir abrigo. O Grilo-Falante teve piedade deles, mas aproveitou para recordar ao boneco (é a sua 18ª lição) o mau tratamento que dele recebeu por lhe ter ensinado que neste mundo todos devem ser amáveis com os outros e que todos devem "ser amáveis com os outros, se queremos ser tratados com igual cortesia nos tempos de necessidade" (Collodi, 2004: 201). Depois de ouvir mais esta lição, Pinóquio soube novidades da sua Fada pelo Grilo-Falante. Correndo para ir buscar, por conselho deste, leite à casa do hortelão Zé Somítico reencontrou seu amigo Palito, ainda sob a forma de burrinho, moribundo. Foi mais uma ocasião para Pinóquio demonstrar que tinha um bom coração.

A transformação de Pinóquio, enquanto boneco de madeira, em rapazinho deu-se decisivamente a partir deste momento: para obter o copo de leite para seu pai adoentado teve que trabalhar na nora do hortelão, depois fê-lo durante cinco meses, além de fazer outro tipo de trabalhos e de exercitar-se a ler e a escrever. Reencontrou ainda Caracoleta, a camareira da Fada dos cabelos azul-turquesa, que lhe disse que a Fada estava doente no hospital. Pinóquio, com o seu bom coração, rapidamente prescindiu do casaco que ia comprar e deu-lhe o dinheiro para ela dar à sua Fada-mãe, além de lhe ter prometido que com o fruto do seu trabalho poderia ainda ajudar mais a sua boa e generosa

77

protetora. Pinóquio volta à cabana e adormece tendo a sensação de, no seu sonho, ter visto a Fada que, em forma de lição (19ª), assim lhe disse:

> – Muito bem, Pinóquio! Como recompensa pelo teu bom coração, perdoo-te todas as travessuras que fizeste até hoje. Os meninos que cuidam amorosamente dos pais nas suas desgraças e doenças são sempre merecedores de grande louvor e de muito afeto mesmo que não possam ser considerados modelos de obediência e de bom comportamento. Ganha juízo para o futuro e serás feliz, Pinóquio! (Collodi, 2004: 206).

O sonho acabou e com ele se dá o desenlace das Aventuras porque Pinóquio, ao acordar, deu-se conta de que não era mais um boneco de madeira e "que se transformara num rapaz como todos os outros" (Collodi, 2004: 206). Vendo-se ao espelho, não lhe pareceu mais que fosse o mesmo: "pareceu-lhe que era outro" (Collodi, 2004: 207). Pareceu-lhe observar não mais o velho boneco de madeira, mas antes "a imagem viva e inteligente de um belo rapazinho de cabelos castanhos e olhos azuis" (Collodi, 2004: 207). Depois desta grande surpresa, Pinóquio pergunta a seu pai qual a razão da mudança repentina que estava acontecendo. E a resposta de seu pai, Gepeto, fez-se ouvir em forma de lição – a 20ª: " – Esta mudança repentina na nossa casa é tudo mérito teu. – Mérito meu, porquê? – Porque quando os meninos eram maus e se tornam bons, têm a virtude de fazer com que até no seio das suas famílias tudo adquira um aspeto novo e sorridente" (Collodi, 2004: 207).

Ao ouvir esta lição de Gepeto, Pinóquio não tardou em fazer-lhe uma nova pergunta: " – E o velho Pinóquio de madeira, onde se terá escondido? – Está além – respondeu Gepeto, apontando para um grande boneco apoiado a uma cadeira, com a cabeça virada para um lado, os braços pendurados e as pernas cruzadas e dobradas que até parecia um milagre segurar-se de pé" (Collodi, 2004: 208). Neste contexto, percebe-se bem que Pinóquio tinha deveras compreendido que não era mais um corpo de madeira e que se tinha transformado não numa outra espécie de boneco, mas num rapazinho. Numa palavra, que ele não era mais um boneco, que o seu corpo não era mais de madeira, mas de carne e de osso como os demais rapazinhos: "Que cómico que eu era, quando era boneco! E que contente estou agora por me ter transformado num rapazinho como deve ser!" (Collodi, 2004: 208).

Conclusão

As mudanças experienciadas por Pinóquio, ao nível do seu corpo, correspondem a etapas biográficas marcantes no que se refere à sua identidade revelada nas várias vezes que, ao longo das suas aventuras, ele se olhou no espelho e, no limite, aparece resumida sob aquilo que Alain Montandon (2007: 725) designa de "estado do espelho". Trata-se de uma identidade que se vai constituindo através das várias mudanças corporais, com implicações psico-ontológicas sempre significativas no campo das experiências vividas e dos sentidos. Ao longo das Aventuras, Pinóquio manteve-se quase sempre confrontado com o seu corpo de madeira, diferente do corpo das outras crianças, e com a traumática metamorfose em burrinho, para depois se confrontar com a sua imagem enquanto rapazinho: "Pinóquio é confrontado com uma fantasmática do corpo, em que o nascimento aparece como um enigma incontornável, cuja solução entretanto vital parece ser inacessível, e em que o corpo é vivido como alienação do Eu, como uma capa difícil de assumir" (Montandon, 2007: 723-724). Pinóquio, apesar de toda a sua ingenuidade e ilusão, tinha consciência de que, enquanto boneco, não crescia mais porque era de facto uma criatura artificial à semelhança de um Golem e de um Frankenstein (Montandon, 2007: 724). O seu corpo de madeira era como a sua prisão, daí alimentar o sonho, ainda que muitas vezes adiado[15], de tornar-se criança pela mão da Fada-azul, qual Prometeu, para ser mais livre de viver já não de um modo fantasioso, onírico (seguindo as pulsões e os desejos da natureza), mas antes de acordo com os desejos do seu pai e da mesma Fada-azul.

A biografia de Pinóquio traçada através das transformações do seu corpo sugere, assim, a importância de um estudo hermenêutico que inquira sobre o simbolismo deste trajeto antropológico em busca de uma nova identidade.

Referências

Araújo, A. F.; Araújo, J. M. (2012). Trabalho, escola e brincadeira. A utopia de Pinóquio, *Teoría de la Educación*, 24(1), 41-55.

Araújo, A. F.; Araújo, J. M.; Ribeiro, J. A. (2012). *As Lições de Pinóquio. Estou farto de ser sempre um boneco!* Curitiba: Editora CRV.

Araújo, J. M. (2015). Escola e utopia. A aprendizagem de Pinóquio. In F. Azevedo; A. F. Araújo; J. M. Araújo (Coord.). *As Vidas de Pinóquio : Ecos Literários e*

---

[15] Levanta-se aqui o tema clássico do "medo de crescer", tratado por Lewis Carroll em *Alice no País das Maravilhas* (1864). Também J. M. Barrie criou, em 1902, Peter Pan que era aquele rapazinho que não queria crescer e, em 1925, Colette escreveu *L'enfant et les sortilèges*. O crescimento (a fase de transição para a adolescência) para muitas crianças revela-se traumática, por isso muitas delas recusam crescer, recusam sair do reino da ainda fantasia e da imaginação, tipo Jardim do Éden ou mesmo Castelo Encantado, para enfrentarem a Floresta sombria da vida ou o Monstro terrível e devorador da sua imaginação pueril. Com Alain Montandon, não podemos deixar de observar que Carlo Collodi foi muito feliz tendo escolhido um Boneco de madeira, em vez de uma criança, precisamente para falar deste importante tema psicológico-psicanalítico.

Educacionais (pp. 59-77). Braga : CIEC, Instituto de Educação da Universidade do Minho.

Bertacchini, R. (1993). *Il padre di Pinocchio. Vita e opere del Collodi*. Milano : Camunia.

Bachelard, G. (2010). *La Terre et les rêveries du repos*. 2e éd. Paris : Corti.

Bosetti, G. (2003). L'efficacité symbolique de Pinocchio. In J. Perrot (Dir.), *Pinocchio. Entre texte et image* (pp. 23-33). Bruxelles : P.I.E – Peter Lang.

Collodi, C. (2004). *As Aventuras de Pinóquio. História de um Boneco*. Trad. de Margarida Periquito. Lisboa: Cavalo de Ferro.

Dedola, R. (2002). *Pinocchio e Collodi*. Milano: Bruno Mondadori.

Gagliardi, A. (1980). *Il burattino e il labirinto. Una lettura di Pinocchio*. Torino: Tirrenia-Stanpatori.

Gil, J. (1995). Corpo. In *Enciclopédia Einaudi*, Vol. 32 (pp. 201-266), Soma/Psique-Corpo. Lisboa: Imprensa Nacional-Casa da Moeda.

Gil, J. (1997). *Metamorfoses do Corpo*. Lisboa: Relógio d'Água.

Grassi, A. (1981). Pinocchio nell'ottica mitológico-archetipica della psicologia analítica di C.G. Jung. In AA.VV. *C'era una volta un pezzo di legno. La simbologia di Pinocchio. Atti del Convegno organizzato dalla Fondazione nazionale Carlo Collodi di Pescia* (pp. 71-92). Milano: Emme Edizione.

Jamain, C. (2010). De la vie des marionnettes. In V. Adam et A. Caiozzo (Dir.), *La fabrique du corps humain : la machine modèle du vivant* (pp. 241-268). Grenoble. MSH-Alpes.

Montandon, A. (2007). Pinocchio. In M. Marzano (Sous la Dir, de). *Dictionnaire du corps* (pp.722-726). Paris: PUF.

Règle, N. (2003). Pinocchio: touchons du bois l'impertinence. In J. Perrot (Dir.), *Pinocchio. Entre texte et image* (pp.115-125). Bruxelles : P. I. E – Peter Lang.

81

Rosa, A. A. (2009). *Storia europea della letteratura italiana. III. La letteratura della Nazione.* Torino: Einaudi.

CAPÍTULO **3**

Conhecimento e Autoconhecimento em um conto de Clarice Lispector [16]

Ailton Fonseca
Luzia Enéas

> "O caminho é estreito, a porta é estreita,
> são poucos os que a encontram".
> (Van Gogh p. 61).

As narrativas de Clarice Lispector não possuem enredo com início, meio e fim. Há trama. Ler seus contos e romances é como mergulhar nas fortes correntezas de um rio que corre, escorre, com remansos: corre cavando, escavando. São enredos sempre em redação, arrastando-nos para as profundezas das palavras, conduzindo-nos a mergulhos nos "instantes-já" do conhecimento, do autoconhecimento e da existência humana.

Essa foi uma das grandes obsessões de Clarice: captar o "instante-já" como a condição primordial para compreender a natureza das coisas, dos seres humanos e da própria palavra. O instante como semente viva. Diversas vezes deixou claro que

---

[16] Fonseca, A. & Enéas, L. (2015). Conhecimento e Autoconhecimento em um conto de Clarice Lispector. In F. Azevedo (Coord.), *Literatura para Crianças e Jovens. Da memória ao leitor* (pp. 83-103). Braga: Centro de Investigação em Estudos da Criança / Instituto de Educação. ISBN: 978-972-8952-38-9.

queria a coisa "ali-mesmo", se fazendo nesse "instante-já" em que acontece. Sua escrita busca captar esse instante fugidio, escorregadio, incompreensível, importante. "Sou a servidora do instante incompreensível". Essas palavras de um personagem de Paul Valéry (1997: 43) poderiam ter sido ditas por Clarice em relação a si mesma.

Os textos dessa escritora não são cópias de um mundo imitado pelo verbo, mas construções verbais que trazem um mundo em cada palavra. "O mundo misterioso era expansão do mistério próprio do verbo", como escreveu Antonio Candido referindo-se a *Perto do coração selvagem* (1944), romance de estréia de Clarice Lispector (Candido, 1988: XVIII-XIX).

Com uma abordagem direta e profunda, Clarice usava a palavra como se usa uma ferramenta de escavação arqueológica para chegar à "coisa" que, a *priori,* não tem nome. Como ela mesma disse em entrevista a Pedro Bloch:

> Estou trabalhando uma coisa muito vaga de que é difícil falar. (...) ao contrário de muitos escritores amigos, que ao falarem do que estão criando, amadurecem a coisa, se eu falar não consigo continuar. Só tenho um momento de falar as coisas. É como ter filho. Nasceu, pronto. Não posso dizer o que estou fazendo porque eu mesma não sei. (...) Toda minha dificuldade está em compreender o que estou querendo (Lispector. In: Bloch, 1989: 8).

E acrescenta: "Acho que existe um grande problema de busca, de procura, com enormes estagnações ao mesmo tempo" (Lispector. In: Bloch, 1989: 10). Nessa entrevista, a escritora deixa claro o que ela sempre queria ao escrever: queria a coisa em si, a coisa pela coisa, e a queria crua, nua, ainda na placenta: "Continuo com capacidade de raciocínio – já estudei matemática que é a loucura do raciocínio – mas agora quero o plasma – quero me alimentar diretamente da placenta" (AV, 1998: 9). E continua: "Cada coisa tem um instante em que ela é. Quero apossar-me do é da coisa" (AV, 1998: 9).

Para Clarice, escrever não é pura expressão, desabafo, catarse. É exercício de escavação, de descoberta, aprendizagem de vida, ali na hora. Afasta-se dela, portanto, a falsa idéia que a acusava de escrever por desabafo, por catarse. Ela escrevia para se entender, ser entendida e entender as coisas da vida que constitui a condição do ser vivo humano.

À semelhança de Vincent Van Gogh, ela acreditava "que se pense muito mais corretamente quando as idéias surgem do contato direto com as coisas, do que quando se olham as coisas com o objetivo de encontrar esta ou aquela idéia" (Van Gogh, 2002: 99). Sua escritura está, portanto, marcada por essa busca, por esse desejo de chegar à raiz primordial da "coisa" humana. "A *coisa* sempre significa muito mais", diz em entrevista a Pedro Bloch (1989: 11).

Para José Américo Motta Pessanha, é isso que tem dado à obra de Clarice um tropismo interior, uma vocação, direção, para o abismo, uma atmosfera de Gênesis, um sabor de 'arqueologia' (1965: 64). Para ele, a obra dessa escritora é como um rio subterrâneo que ao correr para o mar deságua na nascente.

Fernando G. Reis foi um dos primeiros intérpretes a perceber, na obra de Clarice, esse caráter quase arqueológico ou esse retorno mito-poético às fontes, algo que lembra a busca do elemento primário na filosofia pré-socrática (1968: 231).

Antes mesmo de publicar seu romance de estréia, no conto "Obsessão", de 1941, a jovem escritora já dizia: "uma saudade morna e incompreensível de épocas nunca vividas me habitava" (BF: 27). Como Ana, personagem do conto "Amor", essa escritora "sempre teve a necessidade de sentir a raiz firme das coisas" (L.F.: 20).

Desprovida de um conhecimento explicado, mas prenhe de um conhecimento implicado, sua obra é marcada por grandes temas próprios de uma filosofia da existência – vida, morte, dor, solidão, amor, existência. Como fios que tecem e engendram um único tecido, na escritura clariceana o homem, a vida, o mundo, as idéias e a realidade se amalgamam e constroem um "caldo de cultura", uma mesma seiva da existência.

O grande tema de sua literatura não é o indivíduo que se aventura na conquista do mundo exterior, societário, mas a aventura do homem que explora abismos, crateras, paisagens e territórios de sua própria alma. Sua indagação maior recai, exatamente, sobre o homem, esse ser que, ao se enovelar consigo mesmo, descobre em si os abismos da existência e os contornos do universo.

O ser humano se apresenta como um fenômeno relacional, inserido num jogo incerto e ambíguo de identificação, projeção e negação; um ser que, ao se expressar, manifesta um "eu" desconhecido por ele mesmo. Sozinho o sujeito inexiste. Ele se constitui rodeado por outros seres, imerso, sofrendo, lutando ou fugindo de si mesmo, de uma sociedade ou cultura, mas sempre em relação. Seu problema é tornar-se o que ele pode ser: ser-com-o-outro.

Em Clarice parece haver um grito de fé que ecoa por entre as entrelinhas de sua escrita: a crença que os valores ou a subjetividade podem restituir o terreno árido que ameaça a condição humana na contemporaneidade. Tudo se passa como se, ao transformar o mundo para si, o homem tivesse se transformado para esse mundo que assumia mais e mais aspectos estranhos às demandas do ser mais íntimas e, com isso, tivesse perdido o contato com a sua origem e com a natureza das coisas. Sua escritura vai, portanto, em busca dos fundamentos humanos perdidos pelo processo civilizatório.

Há implicadamente em sua obra uma crítica a atual sociedade marcada pela liquidez das relações, uma cultura que esquece os enraizamentos do homem primordial. Assim como uma árvore é sustentada por suas raízes, Clarice acreditava poder encontrar na origem da vida, no sopro primordial, o enraizamento que permite a compreensão da complexidade do ser-no-mundo, seu sustentáculo, as raízes do conhecimento do mundo e de si. Como Edgar Morin, Clarice acreditava que

> o mais longe está intimamente mais próximo de nós que o mais perto. O mais longe no passado, o homem arcaico, é também o homem fundamental; o mais longe no futuro, a antecipação, nos leva, à sua maneira, ao homem fundamental. O longínquo comunica-se com o profundo (Morin, 2003: 60)

Na cosmovisão clariceana, é por meio do antigo que se entende o novo, por meio do arcaico que se compreende o moderno. É no enraizamento da vida que podemos compreender melhor a complexidade da condição humana e a perplexidade do mundo. Por isso, grande parte de seus personagens fogem da vida societária que levam e recuam, introspectivamente, para tocarem sua condição primeira, a vida que já haviam esquecido, vida pulsante no subsolo de suas memórias ancestrais. Fogem porque escutam, - mesmo sem entender - dentro de si os ecos do chamado selvagem para viver a vida em sua "esplendidez". Quando escutam esse eco silencioso, são possuídos por ele, partem em busca da realização do desejo ancestral de viver, de ir e habitar outros territórios da existência e do mundo.

Esse termo "selvagem" não tem um sentido pejorativo de algo indomável, fora de controle, mas no seu sentido original, de vida anterior aos condicionamentos societários e culturais, "vida ao natural" - como diz um de seus contos - que não conhece a fragmentação de si mesmo, a alienação; ser em sua totalidade e complexidade, em conexão com as coisas que o cercam. Ser que, para além da estreita largura do olhar especializado do homem moderno, é capaz de olhar as estrelas com muitos olhos e se ver naquilo que ele estar vendo, reconhecendo, mesmo sem o atual conhecimento da física, que somos todos nós poeira de estrelas, luz errante num universo em transição.

A fuga não é, portanto, a comprovação de covardia e de medo, mas, ao contrário, uma demonstração inconsciente de coragem, pois se trata de uma abertura para a entrega a algo maior e desconhecido do que até então vivenciaram. Fogem na tentativa de tocar o EU profundo deles mesmos, a vida que levam por dentro, aquela que a cultura soterrou, que não perderam, mas que tanto lhes faltam. Captar esses instantes de fuga é tarefa para o olhar e para a arte de escrever que deve acompanhar os passos do homem que foge a noite, o mesmo desafio "de pegar no escuro uma maçã – sem que ela caia" (ME: 334).

As criaturas criadas por Clarice têm uma alienação particular: a fome do humano que, de alguma forma, foi por elas renegado (Reis, 1968: 226), fome de se sentir. Buscam a fonte da vida para nela mergulhar, desnudar-se; querem banhar-se nos rios subterrâneos da existência para, com isso, descobrirem quem são. Todas elas anseiam e têm fome de sentidos, de conhecimento e autoconhecimento, de (auto)descoberta e afeto.

Tanto em Clarice como em Morin percebemos a inversão do foco interpretativo, um olhar que não busca no mundo o sujeito, mas no sujeito o mundo:

> Com a civilização, passa-se do problema do homem das cavernas ao problema das cavernas do homem. Tudo o que ameaçava o homem de fora, os grandes perigos, as trevas noturnas, a fome, a sede, os fantasmas, os gênios, os demônios, tudo o que o mantinha em uma segurança fundamental, tudo isso passa para o interior e nos ameaça de dentro (Morin, 2003: 121).

Ao contrário de muitas escrituras analíticas que partem do mundo para o ser, tentando, com isso, entendê-lo, Clarice parte do ser para o mundo, pois no ser o mundo já se encontra. É por meio do ser que se redescobre o mundo dos outros e o mundocom-os-outros. É dessa maneira que a escrita clariceana avança: recuando interminavelmente entre sombras e clarões até chegar aos primeiros arquejos, esvoaçamentos, murmúrios, ecos desse arcaico homem contemporâneo. Com seus códigos e convencionalismos societários, o mundo civilizado impõe ao homem um modo de ser que esconde a manifestação profunda de seu eu mais íntimo. Sua estratégia de escrita é, assim, fazer falar esse ser íntimo que habita cada um de nós, humanos.

É importante ressaltar duas coisas: primeira, mesmo sendo considerada uma introspecção profunda e sentimental, sua obra não é marcada por um sentimentalismo comum ou melancólico, e sim por uma profunda dor: a dor da existência humana, aquela que a ciência pensa e não a sente porque se negou ao legado das sensações. Segunda: suas produções não deixam de se referirem a realidades concretas, pois em sua concepção estas não são somente exteriores e objetivas. A realidade é também sonhada, imaginada, sentida. Clarice sentia concretamente mais do que pensava abstratamente (Borelli, 1981:23). Como disse certa vez: "meus livros felizmente para mim não são superlotados de fatos, e sim da repercussão dos fatos nos indivíduos" (In: Borelli: 70).

Vincent Van Gogh, com certa razão, pensava que por meio de sua arte ele expressava o seu íntimo. O interior revelava-se exteriormente por meio de sua obra. Sobre Clarice, pode-se dizer o contrário: o que se passava no exterior, revelava-se interiormente. Ao se revelarem, as coisas de fora ajudam o sujeito a revelar-se. Seu trabalho se faz de dentro pra fora, e não o contrário. Como disse Marina Colasanti,

> os estudiosos de literatura têm dificuldade em admitir que o teu trabalho é de dentro para fora e não de fora para dentro. Teu trabalho realmente (...) se dita, se faz. E isto para os exegetas literários é uma coisa muito complicada porque eles procuram os caminhos de 'fora' que levariam a escritora às coisas (In: OE, 2005: 152).

89

O alvo de sua escritura era atingir a intimidade mais profunda de um ser humano. Mas sabia que para escavar intimidades era preciso domar a língua e usar as artimanhas da escrita, porque sentimentos, sensações, emoções e desejos não deixam fósseis e quase sempre apagam seus rastros. Quando a intimidade humana vai longe, seus últimos passos já se confundem com os primeiros passos do que chamamos Deus: o desconhecido, a totalidade. É por isso que Clarice obriga seus personagens a se enovelarem consigo mesmos para se redescobrirem.

A paixão segundo G.H. e *A maçã no escuro*, são, a esse respeito, ontológicas, escrituras com tom de exercícios metodológicos de investigação, de escavação arqueológica em busca do desconhecido, do homem total, algo que somente a palavra, fisgando o que não é palavra, pode alcançar: talvez aquela verdade íntima que por meio da escrita a personagem Sofia descobriu, uma dimensão profunda de seu ser e do outro; dimensão existencial da condição humana fundamental, algo que se vive sem pensar como acontece com Macabéa e com a personagem Pequena Flor do conto "A menor mulher do mundo".

Pequena flor do conhecimento

Fernando G. Reis foi um dos primeiros intérpretes a perceber, na obra de Clarice, esse caráter quase arqueológico ou esse retorno mito-poético às fontes, algo que lembra a busca do elemento primário na filosofia pré-socrática (1968: 231). É essa característica dá a obra clariceana uma atmosfera, simultaneamente, demencial e natural. Isto não marca somente os romances de Clarice, mas também suas formas breves de narrar, seus contos, como acontece no conto "A menor mulher do mundo", que tomo daqui em diante como uma imagem hologramática da escritura clariceana.

Inserido na coletânea *Laços de família*, de 1960, esse conto transporta imaginariamente o leitor para as profundezas da África Equatorial onde "o explorador francês Marcel Pretre, caçador e homem do mundo, topou com uma tribo de pigmeus de uma pequenez surpreendente" (p. 68).

Pretre descobriu os menores pigmeus do mundo e entre "os menores dos menores" pigmeus do mundo estava o menor de todos: "uma mulher de quarenta e cinco centímetros, madura, negra, calada. 'Escura como um macaco" (LE: 68). Como faz um homem diante do desconhecido, Pretre sentiu necessidade imediata de ordenar e classificar a coisa que via. Nomeou a menor mulher do mundo de Pequena Flor, ela que, por "defesa estratégica", morava nas árvores mais altas.

Pequena Flor, "a coisa humana menor que existe" (LE: 70), guardava em si uma "preciosidade" maior do que aquela do conto clariceano que traz esse título. Como uma fruta madura que guarda dentro de si uma semente e, dentro desta, uma outra semente que um dia será árvore, Pequena Flor trazia dentro de si o segredo da vida, o passado inteiro da espécie e a esperança de continuidade dela mesma e do mundo. Ela amadurecia no seu útero a semente de si própria: um filho. Estava grávida. A preciosidade dessa mulher era "maior que esmeraldas" e "os ensinamentos dos sábios da Índia" (L.F: 70).

Nesse conto, como em toda sua obra, Clarice capta a grandeza de ser o que se é mesmo nas pequenas coisas. Ela soube fisgar numa pequeníssima pigmeu a sutil grandeza da "coisa" humana, o indisfarçável tesouro que nem sempre é perceptível ao olhar do homem, como acontece no conto "Os desastres de Sofia". É assim que "o microscópico-individual e o cósmico-universal coexistem no estilo de Clarice e estabelece uma tensão interna na obra" (Reis: 231).

Com a força própria da ficção que provêm da convenção que permite elaborar 'mundos imaginários', a escritora constrói paisagens onde animais e humanos se fundem e se confundem. É assim que ela conduz o personagem Martim de *A maçã no escuro* e "a menor mulher do mundo" a "se colocar inconfortavelmente em face da primeira perplexidade de um macaco" (ME:140), conduzindo, por vezes, macacos a expressarem, genuína e espontaneamente, os primeiros gestos humanos, como acontece com Lisette, "mulher em miniatura", a macaquinha que "quase cabia na mão", e com o "macacão-pequeno", aquele "homem alegre", personagens do conto "Macacos" (LE, 1999: 43).

Esse ligeiro "primitivismo" é emblemático, porque está associado a vida primordial que o homem moderno perdeu contato, algo fundamental para ele encarar seu destino e compreender o enraizamento de sua condição de ser.

Animalidade e humanidade

A animalidade é uma marca na obra clariceana. Desde seu romance de estréia já percebemos o fascínio da escritora por animais. Sua obra inteira é povoada por bichos: pintos, minhocas, baratas, cães, gato, vaca, tartaruga, búfalo, passarinhos, cavalo, macaco, "galinha-que-não-sabia-que-ia-morrer" e até coelho pensante.

Sua obra parece uma floresta de símbolos onde mora e transita, sussurra e translada uma diversidade de bichos, cada um com sua história e linguagem, seus mistérios e vidas íntimas. Por mais diferentes que sejam, todos estão inseridos no ciclo de vida/morte da natureza, interligados que estão pelos laços de família da espécie animal (da qual nós também pertencemos): são todos eles filhos da mãe-natureza, mas seres habitantes da linguagem escrita de Clarice que os criam. Isso imprime no coração da obra dessa escritora as vozes ancestrais, os sussurros da natureza, as vozes do selvagem coração da vida.

A animalidade está em estreita relação com o conhecimento de si e com a nossa humanização. Clarice via na relação homem/bicho uma forma de aprendizagem, prazer, descoberta, autoconhecimento e de humanização. Para ela,

> as relações entre homem e bicho são singulares, não substituíveis por nenhuma outra. Ter bicho é experiência vital. Quem não conviveu com um animal falta um certo tipo de intuição do mundo vivo. Quem se recusa à visão de um bicho está com medo de si mesmo (DM: 334).

Dentro da teia da vida somos todos irmãos. Como escreveu em *A descoberta do mundo*: "desistir de nossa animalidade é um sacrifício"... "nossa vida é busca e tentativa de alcançar a humanidade de si mesmo... quem atingir o quase impossível estágio de Ser Humano, é justo que seja santificado" (DM: 127).

Nas narrativas clariceanas, os bichos não são humanizados. É o ser humano que se animaliza para melhor compreendê-los e se reconhecer como humano, humildemente humano. Pequena Flor, por exemplo, era desprovida dos grandes paradoxos dos seres humanos: ser ou não ser, querer e temer, medo e desejo; não vivia na inflexível luta entre sua personalidade e seu mundo circundante. Portanto, vivia em irmanação com tudo. Sem uma razão desenvolvida, ela não duvidava de nada. Aceitava as coisas e a si mesma como era. Semelhante a personagem Jimmy do conto "Eu e Jimmy", ela "achava que nada existe de tão bom quanto a natureza" (OE: 16)

No contato com os animais – ou seres como Pequena Flor – descobrimos que sublimação e vaidade são coisas humanas, culturais; aprendemos que os animais não têm a subjetividade, "a terceira perna", da qual fala Olga de Sá (2004); eles se movem livremente com a força da vida, obedecendo às pulsações do viver, sua natureza e seus mistérios. Algo desconhecido e incompreendido pelo homem da tecnociência do mundo contemporâneo, ser que reduz a vida e os fenômenos à razão e ao tecnicismo sem perceber que a vida não obedece às leis da lógica que, esta, tenta classificá-la. A razão é apenas uma forma de entender, assim como sentir é uma forma de compreender. A vida é maior do que qualquer lógica ou razão. A vida se funde em uma totalidade indefinida.

Esse ligeiro "primitivismo" não é uma tentativa de dissolver o homem na natureza. É uma estratégia para mostrar que em seu processo de hominização, o homem se afastou cada vez mais "dessa simplicidade de princípio do mundo" e se afastado, portanto, do "tipo padrão-animal" (OE: 16).

Nas entrelinhas da escritura clariceana está uma inquietante preocupação com o desenvolvimento técnico, racional-instrumental. Clarice sempre se preocupou com o futuro da tecnologia que, em sua concepção, ameaçava o que foi por ela denominado de "humano do humano", expressão essa empregada tantas vezes pelo filosofo Jean-Paul Sartre e Edgar Morin. Para ela, o homem moderno, está consumido por uma lógica mercadológica, pelo tecnicismo e racionalizações, que o consome, afasta-o da natureza e o faz esquecer seu enraizamento animal/humano.

Construída e construtora dessa lógica, a ciência parece cega aos rastros que os homens foram deixando ao longo de seu caminho de hominização, rastros semelhantes àquele fio que Ariadne deu a Perseu para ele entrar no labirinto, derrotar o Minotauro e retornar ao convívio societário. Na obra dessa escritora percebe-se que o conhecimento, para avançar, tem que recuar às fontes do próprio conhecimento, ou ao saber ancestral no qual homem e natureza, vida e universo, humanidade e animalidade estão amalgamados.

Em sua obra há a denúncia de que o homem moderno – dicotomizado e fragmentado - está, tragicamente, perdendo a força do diálogo com os demais e consigo mesmo e, com isso, vivendo a superficialidade das coisas que o cercam porque elas não encontram nele a profundidade que as façam ecoar. O homem não estar participando poeticamente da prosa do mundo.

Os animais vêem de encontro a isso. Apresentam-se como estratégia clariceana de religar o homem à natureza e a ele mesmo e, simultaneamente, como sujeitos para o diálogo, para pensarmos e repensarmos sobre os caminhos que tomamos na tentativa de sermos o que somos.

Ao contrário de nós, humanos, os animais não entendem por classificar, mas sabem por sentirem. Eles tocam e são tocados pelo coração do mundo, pelos perfumes da terra, aceitam sua condição, não brigam com o mundo no qual estão inseridos. A coisa toca ou não toca. O contato é sensitivo, o que amplia o mundo em que se vive e a vida que se leva por dentro. Se, por exemplo, "o mundo cheirava mais para o coelho [Joãozinho] do que para nós", era porque nós, animais domesticados demais pela sociedade e pela cultura, reduzimos o mundo ao pragmatismo e às racionalizações, já não sentimos o coração do mundo pulsar dentro do nosso.

O coração do homem

Existe o outro universo, do coração do homem,
Do qual não sabemos nada, que não ousamos explorar.
Uma estranha e cinzenta distancia separa
nossa pálida mente do continente pulsante
do coração do homem.

Os antepassados mal apontaram na praia
E nenhum homem sabe, nenhuma mulher sabe
O mistério do interior
Quando escuro ainda que o Congo ou o Amazonas
Fluem do coração os rios Ca completude, do desejo e
Da aflição (Lawrence, 2001: 179).

D. H. Lawrence era a grande admiração literária de Clarice. Dizia ela ser "marcada", "afetada", por ele: "Me inflamo com ele. Tem todos os defeitos da espécie humana, mas é fogo puro" (In: Pedro Bloch, 1989: 10). Como Lawrence, ela era seduzida pelo mistério do interior humano, por esse universo do qual nada sabemos, mas que, por isso mesmo, nos autoriza a falar sobre ele, numa tentativa de conhecê-lo, dialogando. Não é impertinente dizer que por meio dos animais, essa escritora tentava atingir "o coração do homem", o "humano do humano", a raiz que faz nossa humanização crescer.

O mundo precisa ser entendido, mas antes da razão está o sonho, a vida antes de ser pensada é sentida, atrás do pensamento há o pré-pensamento, atrás da palavra há o silêncio gritante

Pequena Flor é, simultaneamente, animal/humano, uma mistura de natureza e de aventura, já que viver se apresenta como uma passagem na terra. Ela não caminha para suas raízes. Ela já é em si a raíz de si mesma e da humanidade, pois se apresenta como o "padrão-animal" que o homem não reconhece mais, a condição primeira de sua condição humana. Apresenta-se como a imagem perdida da Luci, cujo esqueleto os arqueólogos e antropólogos remontam da origem da hominização.

Em Pequena Flor, a mulher que "a gulodice do mais fino sonho jamais pudera imaginar", existia a necessidade de amar e o desejo de ser feliz, de brincar, de proteger-se e "ter uma árvore para morar, sua, sua mesmo... pois é bom possuir, é bom possuir, é bom possuir", disse ela a Pretre quando este já dominava a palavra silenciosa dos sinais. O desejo de *ter* é ancestral. Como nos diz o exemplo da família que desejou possuir Pequena Flor, o ser humano deseja possuir até mesmo outro ser humano só para si. Esse desejo está na raiz da cultura humana.

Em Pequena Flor já estavam presentes as marcas do ser humano. Mas ela era incapaz de fabricar ilusões como a maioria dos homens faz para suportar a vida que não conseguem viver profundamente. Não inventava verdades, nem criava valores para justificar seu ser; não forçava o cientista a acreditar nela ou no que ela era; entendia-se sem se racionalizar, raciocinava sem categorias conceituais que poderiam atrapalhar seu entendimento de si mesma e de seu universo circundante. Tinha a naturalidade e humildade do coração, coisa que só se manifesta quando não se pune a si mesma, quando se aceita com todos os conflitos interno. A humildade surge diante do que, de fato, é. Se o verbo fosse a fonte de suas expressões, talvez Pequena-flor tivesse dito essas palavras de Paul Valéry (2005: 113): "Não distingo quem eu fui, quem eu sou, quem posso ser". Mesmo na incompreensão, ela estava completa, porque não tinha sobre si, um olhar fragmentado.

Para Clarice, nós também somos animais: "nós somos simples animais" (OE: 18), mesmo que reconheça que somos animais de cultura, de razão e de técnica. "Embora a humanidade seja um fator, só se torna humana pela cultura" (Comte-Spoville, 2007: 49). O problema é que domesticados demais pela sociedade e pela cultura, reduzimos o mundo e a vida ao pragmatismo e às racionalizações e com isso deixamos de sentir o coração do mundo pulsar dentro do nosso. O ter estar substituindo o *ser*.

O homem está esquecendo que *ser* é mais importante que *ter*, deixando de sentir e intuir o mundo que o cerca. Torna-se um ser perdido no mundo tentando encontrar no mundo seu próprio mundo. Foi isso que fez o personagem Martim, um engenheiro, protagonista de *A maçã no escuro,* e G.H, personagem de *A paixão segundo G.H.*, mulher de classe média e escolarizada, passarem pela experiência de mergulhar em seu próprio eu profundo, jogar fora uma vida para redescobrir a si mesmos e seu mundo circundante por meio dos sentidos.

Para Clarice, o entendimento tem sua grandeza, utilidade e atratividade, mas é também o limite do ser humano. O desconhecido se apresenta como algo ampliador do entendimento. É no desconhecido que o homem pode descobrir sua largueza, seu ser profundo. Por isso afirmou diversas vezes que é no não entendimento que reside a largueza do seu ser, da sua vida.

Pequena Flor é a imagem da largueza de ser. Petre representa a imagem do entendimento cientifico. Com seu

97

espírito observador e analítico, Pretre metodicamente examinou com o olhar a "barriguinha do menor ser humano do mundo". Ele viu "o segredo do próprio segredo", a vida na vida pulsar diante de seus olhos. Pela primeira, vez desde que a conhecera, o explorador sentiu mal-estar. Sua lógica de percepção não compreendia o que ele apreendia, sentia algo que sua razão analítica não entendia: "É que a menor mulher do mundo estava rindo" (LE: 74). Esse gesto, rir, manifestação do seu sentimento, expressão carnal do verbo não pronunciado, pois nela não havia dicotomia entre intenção e ação, entre carne e palavra.

São em momentos como esses de "descortinamentos", de "estupefaciente esplendidez" que, na obra de Clarice, se percebe uma imagem de homem se abrir para o mundo e uma nova imagem de mundo se abrir à condição humana.

Esse pequeno ser "estava rindo, quente, quente. Pequena Flor estava gozando a vida... estava tendo a inefável sensação de ainda não ter sido comida" (LE: 73-4). Como o choro, o sorriso e o riso são as manifestações primeiras e invariantes da condição humana. Como observou Edgar Morin, o homem é esse ser de afetividade imensa e instável, ser que sorri, ri e chora. O riso dessa pequenina mulher era a palavra de quem não falava, a linguagem antes do verbo. Rir é um gozo.

Enquanto o explorador não conseguia classificar o riso de Pequena Flor, ela ria "tão delicado como é delicada a alegria" (LE: 74); sentia no peito morno aquilo que nós chamamos de Amor: "Ela amava aquele explorador amarelo", como amava também sua bota. Sentia amor sem vaidade porque

> na umidade da floresta não há desses refinamentos cruéis e amar é não ser comido, amar é achar bonito uma bota, amar é gostar da cor rara de um homem... amor é rir de amor a um anel que brilha. Pequena Flor piscava de amor e ria quente, quente, grávida, quente (LE: 74-5).

Como lembra Espinosa "em razão da fraqueza de nossa natureza é necessário amar algum objeto e nos unir a ele para existir" (*apud* Sponville: 42-3). Portanto, não é correto dizermos que os animais não sintam amor. Seu amor tem um brilho que ilumina seu eu. Só não possui a chama que vai além do mistério da personalidade (Tagore: 121). Somos animais que dependemos do amor (Maturana, 1998).

Não se pode viver sem amor, e essa fraqueza é nossa força, e essa força – o poder de amar: o desejo, o conatus, a alegria – é a única fraqueza que vale. Amar é não sentir falta de nada: é fruir e regozijar-se de uma presença, de uma existência, de amor, pensa (Sponville: 43-4).

O espanto que Petre sentiu diante do riso de Pequena Flor denuncia o pouco entendimento que o homem de "ciência" tem da condição humana. Seu conhecimento científico, por meio do qual pretende decifrar todos os enigmas humanos, torna-se insuficiente para compreender a emergência de humanidade que fluia "ali-agora-mesmo". Petre presenciava o "descortinamento" de um ser. Fica estupefato diante daquela "esplendidez", espanto da razão ao se deparar com uma coisa que ultrapassava seus limites conceituais e analíticos. Ao contrário de Valéry, ele não entendia que "há uma bela parte da alma humana que aprecia gozar sem compreender" (Valéry, 1997: 35).

Petre tinha conhecimento. Faltava-lhe sabedoria ou conhecimento sapiencial. Essa sabedoria não significa erudição científica, livresca, escolar, mas a capacidade para religar vida e ideias, conhecimento e vida, ciência e poesia, conhecimento e autoconhecimento. Algo capaz de penetrar no âmago das coisas e do ser, na natureza da "coisa em si" que é o que se apresenta livre do condicionamento das racionalizações e teorizações excessivas.

Com isso Clarice denuncia uma ciência sem consciência de suas lentes de leituras do mundo e de seus próprios limites e cegueiras cognitivas. Tudo se passa como se a ciência tivesse se afastado da condição humana e se esquecido de mostrar ao homem sua face esquecida e de mostrar a ele a verdade em todo seu conjunto, aquilo que Morin chama de unidade e multiplicidade das coisas e dos seres. Diferentemente de uma certa ciência ortodoxa e cartesiana que parece "conhecer apenas os rastros daquilo que persegue" (Morin, 2003: 56).

Sua literatura tem como alvo a totalidade do ser na totalidade do mundo, tenta pegar no escuro a maçã do conhecimento antes que ela caia e se fragmente, ou antes do homem morder apenas um de seus lados e, a partir de então, conhecer somente um lado do conhecimento.

Sem negar a importância da ciência, Clarice se comporta como uma pesquisadora da alma humana que vai ao encontro de seu objeto de pesquisa sem nenhuma teoria, metodologia e hipóteses, pois, para ela, somente assim é possível se aproximar da natureza e dos enigmas da "coisa"; somente assim é possível tocar o que há de extraordinário no ordinário da vida. Petre estava diante de um ser normal, ordinário e percebe o extraordinário acontecer ali-mesmo.

Nas narrativas clariceanas, a percepção do outro é sempre um momento de despertar, um "instante-já" eruptivo de emoções, de amor. Em *A maça no escuro*, *A paixão segundo G.H.*, *Uma aprendizagem ou o livro dos prazeres* ou nas formas breves de narrativas – "Amor", "A partida do trem", "A legião estrangeira", "Os desastres de Sofia", "Preciosidade", "A menor mulher do mundo" – o ser desperta, simultaneamente, para si, para o outro e para o amor num momento de "suas núpcias consigo mesmo" (LE: 96). Isso acontece, epifanicamente, quando o ser vivencia o outro que é ele mesmo e tem "coragem de nascer do próprio parto, e de largar no chão o corpo antigo" (LE: 96).

Sabemos que a criação do universo é uma incógnita, um nó górdio indecifrável, mas no reino da ficção é possível dizer que o universo em "núpcias consigo mesmo", criou a vida, a natureza, e esta gerou e criou o *sapiens-demens* que somos. Esse ser que, como escreveu Edgard de Assis Carvalho (2002), sabe saborear sentidos, paisagens, bifurcações, cantos, amores, essa mistura encantadora, esse entrelaçamento complexo de ruelas sombrias e tortuosas.

O ser humano é uma fração da natureza. As energias que formaram a natureza também geraram nosso corpo e este é o clímax das energias da vida. O homem é um orgasmo da natureza, "o clímax da vida" nas palavras da personagem Ângela Pralini.

Como a personagem Ana, Pequena Flor "fazia obscuramente parte das raízes negras e suaves do mundo" (L.F: 21). Ela é mais uma face com que se mostra a humanidade, um ser de nossa "legião estrangeira" capaz de devolver ao homem o espelho que revela sua face esquecida. "Nós, seres vivos, por consequência os humanos, filhos das águas, da Terra, e do Sol, somos uma formiga, talvez um feto, da diáspora cósmica, algumas migalhas da existência solar, um frágil broto da existência terrestre" (Morin, 2002: 27). Somos, todos nós, frutos da mesma árvore que produziu Pequena Flor. Filhos de um parto ancestral, sementes que a menor mulher do mundo plantou no planeta. Nós pertencemos à mesma espécie e temos o mesmo enraizamento.

Abreviaturas das obras da autora:
LF – Laços de família
ME – A maçã no escuro
LE – A legião estrangeira
BE – A bela e a fera
DE – A descoberta do mundo
OE – Outros escritos

Referências

Bloch, P. (1989). Clarice Lispector. In: *Vida, pensamento e obra de grandes vultos da cultura brasileira*: entrevistas (pp. 7-11). Rio de Janeiro: Bloch.

Candido, A. (1988). No começo era de fato o verbo. In: B. Nunes (Org.), *Clarice Lispector: a paixão segundo G.H.* (pp. XVII-XIX). Brasília: CNPq (Coleção arquivo; v. 13).

Carvalho, E. de A. (2002). A explosão dos cincos sentidos. *Jornal O tempo, caderno Magazine.* Belo Horizonte, 29 de janeiro de 2002, p. 04.

Colasanti, M. (2005). Clarice entrevistada. In T. Montero e L. Manzo (Org.), *C. Lispector, Outros escritos* (cap. 10). Rio de Janeiro: Rocco.

Comte-Spoville, A. (2007). *A vida humana.* Tradução: C. Berliner. São Paulo: WMF Martins Fontes.

Lispector, C. (1998). *Laços de família (contos).* Rio de Janeiro: Rocco.

Lispector, C. (1998). *A maçã no escuro (romance).* Rio de Janeiro: Rocco.

Lispector, C. (1999). *A legião estrangeira (contos).* Rio de Janeiro: Rocco.

Lispector, C. (1995). *A bela e a fera (contos).* Rio de Janeiro: Francisco Alves.

Lispector, C. (1999). *A descoberta do mundo (crônicas).* Rio de Janeiro: Rocco.

Lispector, C. (2005). *Outros escritos.* Org. T. Monteiro e L. Manzo. Rio de Janeiro: Rocco.

Lispector, C. (1994). *Inventário do arquivo 5.* Rio de Janeiro: Ministério da cultura, Fundação casa de Rui Barbosa.

Lawrence, D. H. (2001). O coração do homem. In W. Blake, William; D.H. Lawrence. *Tudo que vive é sagrado* (p. 179). Tradução: Mário Alves Coutinho. Belo Horizonte: Crisálida.

Maturana, H. (1998). *Emoções e linguagem na educação e na política.* Tradução: José Fernando Campos Fortes. Belo Horizonte: Ed. UFMG.

Morin, E. (2002). *O método 5: a humanidade da humanidade.* Tradução: Juremir Machado da Silva. Porto Alegre: Sulina.

Morin, E. (2003). *X da questão: o sujeito à flor da pele.* Tradução: F. Murad; F. M. Machado. Porto Alegre: Artmed.

Pessanha, J. A. M. (1965). Itinerário da paixão. *Cadernos brasileiros,* 3, 63-76.

Reis, F. G. (1968). Quem tem medo de Clarice Lispector. *Rev. Civilização Brasileira,* IV(17), 225-234.

Sá, O. de (2004). *Clarice Lispector: a travessia do oposto.* São Paulo: Annablume.

Sabato, E. (1993). *Homens e engrenagens.* Tradução: J. Cristoldo. São Paulo: Papirus.

Valéry, P. (1997). *Monsieur teste.* Tradução: C. Murachco. São Paulo: Ática.

Valéry, P. (2005). *A alma e a dança e outros diálogos.* Tradução: M. Coelho. Rio de Janeiro: Imago.

Van Gogh, V. (2002). *Cartas a Théo.* Tradução: P. Ruprecht. Porto Alegre: L&PM.

Tagore, R. (2007). *Meditações.* Tradução: I.o Storniolo. São Paulo: Idéias & Letras.

CAPÍTULO 4

Uma hipótese hermenêutica no âmbito da obra *Eclipse* de Stephenie Meyer [17]

Jorge Passos Martins
CIEC, Universidade do Minho

Introdução

A obra *Eclipse* representa o terceiro volume da saga *Twilight* (quadro 1), escrito por Stephenie Meyer, onde cada título remete para uma narrativa ficcional distinta, mas com uma sequência cronológica de factos e acontecimentos, que percorre a diegese pelos quatro volumes, constituindo-se como um todo. O texto, em análise, configura-se como um romance, cuja temática revela ao leitor uma história de amor, onde se cruzam num mundo fantástico, pleno de fantasia, vampiros e lobisomens, que

---

[17] *Este trabalho foi financiado por Fundos Nacionais através da FCT (Fundação para a Ciência e a Tecnologia) no âmbito do projeto* UID/CED/00317/2013

Martins, J. P. (2015). Uma hipótese hermenêutica no âmbito da obra *Eclipse* de Stephenie Meyer. In F. Azevedo (Coord.), *Literatura para Crianças e Jovens. Da memória ao leitor* (pp. 105-129). Braga: Centro de Investigação em Estudos da Criança / Instituto de Educação. ISBN: 978-972-8952-38-9.

no entender de Xaquín Núñez Sabarís (2013: 27), preenchem muitas lendas e mitos do imaginário coletivo tradicional de diversas culturas.

Título	Ano da 1.ª edição americana	Ano da 1.ª edição portuguesa	Editora portuguesa
Crepúsculo	2005	2006	Gailivro
Lua Nova	2006	2007	Gailivro
Eclipse	2007	2008	Gailivro
Amanhecer	2008	2009	Gailivro

Quadro 1

A publicação de literatura de potencial receção leitora juvenil apresenta-se, por vezes, como realça Jorge Martins (2012) na mesma linha de Pedro Cerrillo (2007), no âmbito de uma *coleção*, também designada por *série* (Cervera, 1991; Lluch, 2003; Bluemel, 2005; Bruno & Geneste, 2008; Beckett, 2009). Como género narrativo, Carlos Reis & Ana C. M. Lopes (2002: 377) referem que "a série romanesca consiste na sucessão de um conjunto de romances ligados entre si por laços de diversa natureza (personagens, espaços, tempos históricos, etc.)". Neste contexto, o conceito de *saga*[18] revela-se, do mesmo modo,

---

[18] Saga é um termo que, originalmente, significava lenda ou aventura, descrevendo histórias de personagens famosas de uma determinada cultura ou religião. Nos primórdios relatavam histórias épicas do período medieval de países nórdicos, como a Islândia e a Noruega, sendo transmitidas oralmente e constituíam a base da literatura da época. Podiam apresentar-se em verso, na forma de canção, que revelavam atos heroicos, ou em prosa. Tiveram o seu início no século XII, mas posteriormente expandiram-se a outros países escandinavos. Alcançou o seu auge no século XIII e perduraram até ao final do século XIV. Este género literário também passou a incluir a tradição das lendas europeias, assim como a temática literária da cavalaria. São identificados três géneros de sagas: as reais, as genealógicas e as históricas. Atualmente, o conceito mudou ligeiramente, e uma série de livros também pode ser conhecida como uma saga, assim como pode ser usado como referência a uma obra épica não-literária, como por exemplo os filmes, como a

apropriado porque tal como enfatizam Gisela Silva, Américo Lindeza Diogo e Fernando Azevedo (2008), as personagens principais, no espaço destas temáticas, estão sujeitas a um processo de crescimento psicossociológico. Caraterizam-se por longas histórias, repletas de aventuras e incidentes, como obras literárias contemporâneas de caráter épico, escritas em prosa e ligadas a um argumento central. Assim, o ciclo de *O Senhor dos Anéis* ou de *Harry Potter* são exemplos de sagas contemporâneas.

A diegese / personagens

A ação narrativa desenrola-se numa cidade denominada Forks, Washington, Estados Unidos da América, centrada em três personagens que adquirem um estatuto fundamental: *Isabella Swan*, de diminutivo Bella (18 anos), jovem adolescente, possuidora de alguma rebeldia, mas de atitudes maduras e responsáveis (Meyer, 2010), frequenta o ensino secundário e vive com o seu pai Charlie, chefe de polícia na cidade de Forks; *Edward Cullen* (17 anos), jovem vampiro que também estuda na escola secundária de Forks e vive com a sua família de vampiros, nos arredores da cidade, onde este clã de nome fictício Cullen (Meyer, 2010: 89), procura esconder a sua verdadeira natureza, defendendo a vida humana e os seus valores, alimentando-se, para o efeito, de sangue de animais, controlando os seus instintos: matar seres humanos; *Jacob Black* (16 anos), jovem índio da tribo Quileute, vive com a sua comunidade (Meyer, 2010: 79), afastado da cidade, em La Push

A personagem Bella é um elemento central do romance à volta do qual se desenrola toda a carga dramática, potenciadora de conflitos, desequilíbrios e retoma de normalidade situacionais,

---

saga *Star Wars* ou a saga *Star Trek*. Cf. a entrada "saga", na Enciclopédia Britânica Online: http://www.britannica.com/EBchecked/topic/516175/saga

no contexto da evolução narrativa, tal como realça Maria Amélia Cruz (2011: 110), afirmando que "no romance adolescente moderno e pós-moderno surgem também protagonistas femininas como figuras centrais".

O seu estatuto é de uma jovem nada convencional que foge dos hábitos rotineiros do seu grupo etário: 1) é descomprometida com a moda, anda de moto, tem um número reduzido de amigos, mas estranhos – o clã Cullen e a tribo índia Quileute –; 2) procura espaços misteriosos (a floresta, a praia isolada); 3) é o foco de competição amorosa entre Edward e Jacob, provocando sofrimento entre ambos; 4) é por sua causa que um conjunto de vampiros recém-nascidos, de instintos assassinos, provoca em Seattle uma onda de crimes, com intuito último de a matar; 5) é por sua causa e para suster a onda de crimes em Seattle que a família Cullen e elementos da tribo índia Quileute, os lobisomens, se unem e confrontam os vampiros recém-nascidos com o objetivo de os eliminar; 6) é por sua causa que o clã Volturi (denominada família real dos vampiros) vem de Itália vigiar a situação.

Jacob Black, *ser humano*, passível de se transformar em *lobo*, tal como vários elementos da sua tribo, apresenta-se na narrativa como o antigo melhor amigo de Bella, em que Edward Cullen, *vampiro*, de natureza fantástica já definida, é o seu namorado. Estas duas personagens masculinas evidenciam, assim, uma essência orgânica e biológica antagónica, facto que vai interferir nas opções amorosas de Bella.

Detentores de poderes sobrenaturais[19] (Meyer, 2010: 124), como vampiro e lobisomem, decorrentes das suas existências

---

[19] Ao expor a sua teoria do fantástico, como género, Tzvetan Todorov (2004) evidencia três propriedades do fantástico, delimitadas quer ao nível verbal quer ao nível sintático. A primeira propriedade reporta-se ao discurso figurado e à utilização de figuras de retórica, pois é daí que advém, no seu entender, o sobrenatural, o que se justifica pelo facto deste ser, em última instância, fruto

fantásticas (como força física fora do comum, capacidade de ler o pensamento dos outros, capacidade de omnipresença), precisam de passar despercebidos para serem aceites na comunidade, embora os seus poderes e atração física vão dificultando essa intenção. Todavia, no âmbito das suas intervenções comportam-se como anti-heróis, não desejando protagonismo, sublinhando Pablo Álvarez Fuentes (2013) que nesta saga a escola secundária parece ser o local onde os protagonistas, mais do que alcançar conhecimento – isso ficará para a universidade –, procuram manifestar uma vida normal.

Influência ideológica

O romance gótico, que surgiu no fim do século XVIII e teve o seu auge no século XIX, integrou alguns elementos identificáveis com a mundividência idealista romântica (Zipes, 2000; Carranza, 2011; Núñez Sabarís, 2013), associados a elementos como a melancolia, o obscurantismo, ou a cultura do individualismo. Protagonizando uma escrita de excessos, este género literário procurava um conturbado retorno ao passado, como sublinha Fred Botting (2001), tendo subjacente uma atmosfera sombria de mistério. Marcada por uma época em crise, a literatura gótica condensou diversas ameaças aos valores estabelecidos, associadas a diversas dicotomias: ora evocava emoções, relativas ao terror ou a gargalhadas; apelava ao sobrenatural *versus* forças da natureza; regia-se pelo excesso de imaginação *versus* desilusão; evocava o mal com origem na

---

da própria linguagem, já que é por intermédio desta que o sobrenatural, ganha forma. Figuras como o vampiro, o lobisomem ou o fantasma não pertencem à esfera do empírico, antes advêm do discurso, seja por meio do exagero, ou ao recurso de expressões modalizantes.

religiosidade ou no homem; assim como evocava estados surreais de comportamento: tanto a desintegração mental como a corrupção espiritual. Os escritores góticos ficavam fascinados por objetos e práticas alicerçadas na negatividade, no irracional, na imoralidade, no fantástico, na alienação da realidade, consubstanciada na fenomenologia da transformação e na transgressão como prática social e cultural.

Neste contexto, conferia relevância aos ambientes oníricos, carregados de tensão psicológica, assim como à presença de elementos sobrenaturais e criaturas grotescas, envolvidas por sugestão de mistério e terror/ horror[20] (Eco, 1991; Nilsen & Donelson, 2001; Ramos, 2008; Pagès Jordà, 2009), relacionados com a literatura fantástica como, por exemplo, o universo de vampiros e lobisomens, ou pelos ambientes por eles sugeridos.

No entender de Fred Botting (2001), a literatura gótica influenciou diversas manifestações da arte contemporânea (séculos XX e XXI), concretizada através de diversos objetos

---

[20] Macarena Areco (2013) salienta que, para o investigador Rafael Llopis (1973), a literatura de horror surge quando se deixou de acreditar no sobrenatural, distinguindo quatro etapas no desenvolvimento do que apelida de *o conto do medo*. A etapa *pré-terrorífica*, que incluí o pré-romantismo inglês e alemão e a novela gótica inglesa, com autores como: Horace Walpole, Clara Reeve, Ann Radcliffe e M. G. Lewis. A fase *terrorífica*, que abrange os últimos anos da época vitoriana até início do século XX, quando os recursos românticos se esgotam e surge a *ghost story*, cujas caraterísticas principais são a brevidade, o realismo e o humorismo. O seu percursor foi Edgar Allan Poe, o seu iniciador, Sheridan Le Fanu e o seu maior expoente Montague Rhodes James. A fase *neoterrorífera*, que inclui o primeiro terço do século XX, em que se procuram formas cada vez mais racionalizadas e se explora o numinoso, entendendo-se por isto a emoção inexplicável que surge da manifestação de poderes mágicos ou religiosos. Salientam-se Algernon Blackwood e H. P. Lovecraft. Por fim, a fase *metaterrorífica*, que surge em meados da década de setenta, da ficção científica, denominada "nueva cosa", em que já não se suscita o terror junto do leitor, mas aventura no desconhecido.

semióticos[21], com uma matriz cosmopolita e democratizante, próprias da cultura popular, influenciados pelo universo simbólico do gótico, como o cinema (Eco, 1990; Zipes, 2000: 517), a música (Botting, 2001), e a literatura (Bozzetto, 1998).

A obra *Eclipse* pode, neste contexto, afirmar-se como um romance dentro do género gótico pelas características presentes na sua narrativa, tais como: existência de personagens sobrenaturais (vampiros e lobisomens); espaços e ambientes misteriosos; a presença do horror e do terror (nos combates entre vampiros e lobisomens, na onda de crimes em Seattle); na demanda iniciática de Bella através do desejo em transformar-se em vampira, por amor eterno a Edward, exteriorizando-o de uma forma excessiva.

O facto de Bella ser um diminutivo de origem italiana, sinónimo de *graciosa*, *bonita*; e o termo *bella* simbolizar *a namorada* ou mesmo *a noiva*; (Bella namorava Edward, assumindo o noivado no fim do romance), pode estar conotado com determinada idealização de pureza (era uma jovem que insistia em preservar a sua castidade). Neste contexto, o nome Bella, pela sua representação gráfico-semântica, pode ter ligações contemporâneas ao imaginário de determinadas culturas alternativas singulares, de origem urbana, como a *cultura gótica*, surgida nos anos 90 do século XX; cultura esta, influenciada

---

[21] Neste contexto (Botting, 2001; Nilsen & Donelson, 2001) eclodiram diversas manifestações artísticas através, por exemplo, no *cinema*: *Psycho* (1960) de Alfred Hitchcock; *Aliem* (1979) de Ridley Scott; *Conan the Barbarian* (1982) e *Terminator* /1984) filmes que tiveram Arnold Schwarzenegger como ator protagonista; *The Addams Family* (1991); na *música* surge, por exemplo, o *rock gótico*, no fim da década de 70, tendo como um dos seus intérpretes o grupo *Bauhaus*; na *literatura* a *Metamorfose* (1915) e *O castelo* (1922) de Franz Kafka; *Rebbeca* de Daphne Du Maurier (1938); os contos fantásticos de J.R.R. Tolkien; *O nome da rosa* (1980) de Umberto Eco.

pelas representações simbólicas e normativas dos ambientes tipificados no romance gótico, da cultura anglo-saxónica.

Neste confronto de representações de ideologia e de identidade, pode estar subjacente o desejo reiterado de Bella em se transformar em vampira, desejo esse presente durante toda a narrativa. Assim, no contexto de uma leitura ideológica (Jose Olazireg, 2010), observados alguns aspetos e estratégias narrativas, esta obra veicula um conjunto de crenças, valores e representações (símbolos, mitos, imagens), que possibilita uma determinada visão do mundo entre o seu público leitor.

A hipótese hermenêutica

Esta diegese, de pendor romântico, é contada do ponto de vista de Bella, na primeira pessoa[22], exceto o epílogo que é narrado por Jacob Black. Darja Mazi-Leskovar (2003) salienta que a narrativa quase autobiográfica deste género de personagens tem como função reviver a vida e julgá-la, apresentando-a e recordando-a de modo alternado, o que revela, ser uma caraterística dos textos de ficção de potencial receção leitora juvenil. É o caso desta obra que remete para um universo fantástico, em que prevalece o narrador personagem (Colomer, 1998; Zipes, 2000; Lluch, 2003), e neste contexto assume protagonismo (Bamberg, 2009). Do ponto de vista da enunciação subsiste o relato em discurso direto (diálogo), ou no discurso

---

[22] Ainda no contexto da sua teoria do fantástico, Tzvetan Todorov (2004) salienta outra propriedade que se imiscui no âmbito da enunciação, na medida em que convoca a presença de um narrador que se exprime na primeira pessoa, já que confere ao texto literário, não obstante este escapar ao rótulo verdadeiro ou falso, uma perspetiva bem mais credível. Deste modo, o discurso do narrador obtém maior credibilidade do que qualquer outra personagem, embora provoque uma certa hesitação e ambiguidade junto do leitor, quando estamos na presença de um narrador-personagem.

indireto livre, descrito pela personagem Bella sobre factos e/ou ações vividos por outras personagens. Assim, predomina o narrador autodiegético, enfatizando Carlos Reis e Ana Cristina Lopes (2002) que estes sujeitos revestem um caráter maduro, com origem na experiência de vida, pela vivência de momentos importantes e de aventura, a partir do qual explanam as razões da sua existência, consoante o grau de atribulação.

A obra tem uma estrutura linear, contínua, realçando Álvarez Fuentes (2013: 5) que neste género de obras subsiste "el detalle y la narración lineal, con breves regresos al pasado y saltos temporales que no alteran la linealidad del relato", referindo Teresa Colomer (1998) que é um modelo narrativo atual muito em voga, e remete, por vezes, para a ativação da memória de uma personagem, como ilustração de um passado relevante, consubstanciada através de várias anacronias (Lluch, 2003) com mudanças temporais (*flash-back*) que percorrem a narrativa. Neste contexto, Teresa Colomer (1998) enfatiza que obriga o leitor a um certo movimento de retrocesso no plano temporal, associado a uma reconstrução fragmentada da história, de modo a explicar acontecimentos de diferentes perspetivas e/ou reconstrução de histórias de vida.

Na obra temos como exemplo:

- O relato da origem de vampiros como Rosalie, Jasper;
- As razões que levaram os elementos da tribo índia Quileute a transformarem-se em lobisomens;
- A recordação de Bella sobre diversos momentos passados com Edward e Jacob.

No âmbito das ações, das personagens e dos espaços, a narrativa contém descrições, em geral, breves, onde predominam as descrições do estado psicológico de algumas personagens, sublinhando Teresa Colomer (1998: 262) que nestes casos "el protagonista coincide con un narrador interno y en primera persona en las obras de temática psicológica"; as descrições físicas de ambientes naturais são poucas e muito sucintas.

A linguagem utilizada é simples e direta, retratando os problemas do quotidiano, de modo que o leitor se identifique de imediato, mais propriamente com a problemática das relações amorosas entre jovens, realçada por diversos momentos de envolvência fantástica, plenos de fantasia. A este propósito, Ganna Ottevaere-van Praag (1997), num volume dedicado às técnicas narrativas da literatura para a juventude, enfatiza que no âmbito da expressão verbal e figurativa destas obras, predomina uma acentuada economia de meios, como assinala Fernando Azevedo (2011: 26), "visível, entre outros aspectos, numa determinada utilização da voz do narrador, da focalização, dos *incipits*".

Espaços de tensão

As relações entre Bella / Edward ou Bella / Jacob, atravessam e marcam, sob o signo da tensão, todo o romance, na sequência das suas relações amorosas. Por vezes, esta tónica discursiva ocasiona que as personagens demonstrem uma postura obsessiva, exagerada, recorrente, quanto às demonstrações de amor, plenos de indecisões, avanços ou recuos. Pode-se, então, identificar algumas linhas de tensão que percorrem a narrativa:

- O acordo para respeitar a fronteira territorial estipulada entre lobisomens e vampiros, que não pode ser quebrada;
- As relações de Bella: com Edward, de amor; com Jacob, de amizade; e o desejo de não perder os dois;
- A relação entre Bella e Charlie (pai);
- Momento da constatação, por Bella, que Jacob pode ser imortal.

Durante toda a narrativa uma tensão maior percorre a existência de Bella: a luta entre o desejo de se transformar em vampira para poder viver eternamente com Edward, o seu grande amor, em oposição ao facto de ter de abandonar a vida humana (Meyer, 2010) deixando a sua família (Charlie, o pai e Renée, a mãe), assim como o amigo Jacob, quando descobre que também o ama. Concorre, do mesmo modo, para esta indecisão, o receio e a incerteza de saber se consegue aguentar viver sob a forma de vampira. Verifica-se que a personagem entrega-se a um *processo iniciático*, como realça Gisela Silva (2010) acerca das obras deste género literário, através dos seus ritos e iniciações, símbolos e valores ético-formativos, potenciador de perdas e de ganhos. No *Capítulo 6*, constata-se que Bella é uma personagem muito só, enquanto ser humano, por ser conhecedora de segredos que a preocupam mas que não pode confidenciar a ninguém. Nesses momentos refugia-se no seu quarto para sofrer e refletir, na companhia de Edward, realçando Gaston Bachelard (2003: 110-111) que a casa pode revelar-se um local de intimidade, de proteção, de tranquilidade, de infinitos devaneios, "da luta pelo sonho contra todas as ausências".

Por vezes, Bella interroga-se, do ponto de vista existencial, se viver eternamente será assim tão positivo, em oposição com a tangibilidade da vida humana, mas que lhe permite viver experiências significativas e enriquecedoras. O texto remete, nesta perspetiva, para uma *demanda interior* da personagem Bella, de caráter introspetiva e ontológica, tal como salienta Teresa Macedo (2010b: 61) "submetendo-se a diversas provas, os sujeitos em demanda identitária percorrem espaços através dos quais ascendem a patamares de consciência de nível superior". Neste texto, partindo de um desequilíbrio (inquietação pessoal), Bella persegue o desígnio de um potencial equilíbrio, hipótese fundamentada pelo amor atribulado que nutre por Edward, através da sua consolidação. Assim, a obra *Eclipse*, porque recorre à presença de elementos fantásticos/ maravilhosos, que promovem um mundo de imagens e simbologias, pertencentes ao universo de vampiros e lobisomens (Todorov, 2004), faz com estes intervenham em momentos decisivos da narrativa no sentido de a resolver, como sublinha Tzvetan Todorov (2004), para romper desequilíbrios e restabelecer uma ordem nova, o equilíbrio, sendo necessário para a ordenação primordial das coisas e da natureza humana, como assinala Teresa Macedo (2010a: 89), estabelecendo pontes com reminiscências ancestrais, "como que o casulo da própria metamorfose de consciência".

As fronteiras entre o bem e o mal

Fernando Azevedo (2010) sublinha que a literatura infantojuvenil possui uma dimensão eufórica em que o *bem* pode assumir uma forte amplitude ética. Na obra em análise predomina uma desconstrução da imagem simbólica do lobisomem e do vampiro, eternamente associados à temática do *ente* selvagem, maldito, representantes do mal, que tradicionalmente detinham na cultura ocidental (Hourihan, 1997). Neste contexto, numa linha contemporânea do discurso ficcional, estas duas personagens pautam as suas intervenções, assim como os seus pares, pela defesa da vida humana (figura 1): *Edward* vai demonstrando o seu altruísmo ao ajudar Bella, demonstrando-lhe que ainda não está preparada para se transformar em vampira, questionando-a regularmente se tem a certeza desse intento, sugerindo que não necessita de passar por essa transformação para viverem o amor que sentem um pelo outro. Quando Edward descobre que Bella também ama Jacob (*Capítulo 23*), sugere que talvez seja melhor prescindir do seu amor, porque esse outro, sendo humano, a poderá fazer mais feliz. *Jacob* protagoniza, também, diversas atitudes altruístas e de conformismo quando sabe que Bela o pretere a favor de outro. O culminar destas posturas atinge o seu auge quando lobisomens e vampiros juntam esforços para combater inimigos comuns (*Capítulo 17*). Neste contexto,

116

Roberta Seelinger Trites (2000) assinala que as obras para a juventude podem conter elementos subversivos, abordando temas potencialmente polémicos no âmbito de determinadas comunidades interpretativas (Azevedo, 2011), como as crises de identidade, a morte, a sexualidade.

Então os mediadores da leitura devem ter conhecimento, no processo da receção, dos valores éticos e estéticos com que os jovens podem interagir quando leem um texto literário (Carranza, 2006), com o objetivo de aproximar uma seleção adequada de obras, com qualidade literária que fomentem o seu desenvolvimento pessoal e social.

Através das relações de alteridade presentes nesses textos é possível enfatizar a presença do *Outro* (García Berrio & Hernández Fernández, 2004), como entidade potencialmente polifónica, o respeito por ele e a sua aceitação (Azevedo, 2006), no âmbito da literatura, potenciadora de valores de supremacia do bem sobre o mal, de amor sobre o ódio, da justiça sobre a injustiça. Neste romance existe uma distinção óbvia entre o bem e o mal (figura 1), estando estes valores enfatizados de uma forma explícita nas ações maléficas dos vampiros vulgares *versus* ações benéficas dos vampiros da família Cullen e dos lobisomens do clã Quileute. Esta perspectiva mais explícita da narrativa vai contra os princípios da ficcionalidade, por não fomentar nos jovens uma leitura polifónica e plurissignificativa, sublinhando Perry Nodelman (2008) que os textos literários detentores de qualidade estética comportam uma espécie de sombra, convidando os leitores a passear nos *bosques da ficção*, acedendo a uma compreensão mais complexa do mundo (Azevedo, 2011).

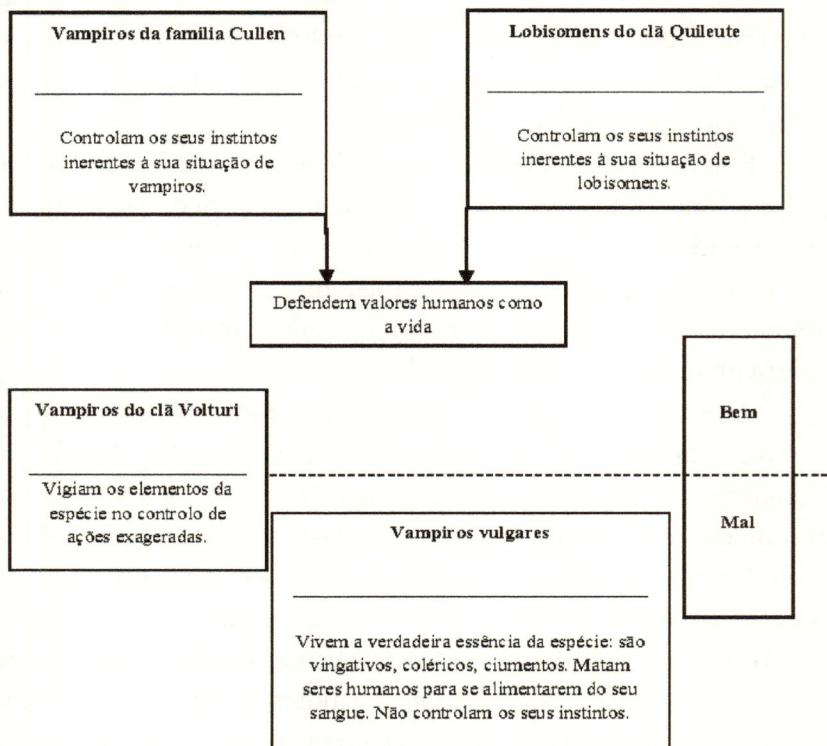

Vampiros da família Cullen	Lobisomens do clã Quileute
Controlam os seus instintos inerentes à sua situação de vampiros.	Controlam os seus instintos inerentes à sua situação de lobisomens.

Defendem valores humanos como a vida

Vampiros do clã Volturi	Bem
Vigiam os elementos da espécie no controlo de ações exageradas.	Mal

Vampiros vulgares

Vivem a verdadeira essência da espécie: são vingativos, coléricos, ciumentos. Matam seres humanos para se alimentarem do seu sangue. Não controlam os seus instintos.

Figura 1

A condição estético-literária

Todo o texto literário convida a uma colaboração interpretativa por parte do leitor, suscitando uma postura ativa de preenchimento dos seus múltiplos e polifuncionais espaços em branco.

Apesar de a autora recorrer a um mundo de fantasia, ao leitor não lhe é facultada a possibilidade de fruição literária. A leitura tende a realizar-se de uma forma linear, seguido uma ordem estabelecida de momentos diegéticos centrados nas

118

relações amorosas entre Bella, Edward e Jacob, que vão surgindo nos vinte e sete capítulos, em que a presença da novidade semiótica parece condescender em detrimento de uma literatura de mercado. Não sendo uma obra onde o *suspense* ganhe corpo, prevalece, no entanto, alguma indefinição quase até ao fim, em determinadas indecisões de Bella, como por exemplo, a escolha do namorado; a opção entre ficar humana ou transformar-se em vampira.

Tendo como tema central as relações amorosas entre jovens, esta obra configura-se no âmbito de uma leitura *ligth*, patamar em que estes textos não privilegiam propriamente a formação de uma educação literária (Martins & Azevedo, 2008; Roig Rechou, 2013), fazendo parte de um ciclo de géneros literários conotados, como realçam Pierre Bruno e Philippe Geneste (2008), na mesma linha de Tony Watkins (2003), com determinada moda comercial, do *merchandising* e do funcionamento do mercado livreiro, por vezes promovendo obras de valor sincrónico. Como sublinha Ana Margarida Ramos (2008), os textos pertencentes a uma cultura popular e de grande consumo podem estar, por vezes, conotados com o cânone, mas são caraterizados, por uma promoção da leitura tipificada e redutora, no sentido de que satisfazem e correspondem, na íntegra, às expectativas mais elementares dos leitores.

Desta forma, a literatura de consumo não é exatamente idêntica à denominada leitura de fruição (Bruno & Geneste, 2008; Faúndez García, 2010; Santis, 2013; Schmidt, 2014), que é passível, como já foi mencionado, de apreciação e valorização estética dos textos pelo leitor, realçando Gemma lluch (2003) que esta cultura de massas fomenta nos mediadores educativos um discurso inverso, afastando a análise crítica e a reflexão sobre este tema, facilitando o consumo acrítico por parte dos jovens.

Subsistem muitas narrativas na área do fantástico que se situam numa fronteira relativamente fluída, nas denominadas literaturas de margens (Silva, 2002), identificadas como produto estético de consumo massas (Eco, 1990, 1991; Nobile, 1992; Ramos, 2008) sob a forma de *best-sellers*, como sublinham Gisela Silva, Américo Lindeza Diogo e Fernando Azevedo (2008), mas que os jovens leitores aceitam e adotam como suas desde finais da década 90, do século XX, caraterizando-as, em conversas plurais, de *espetaculares*. Carlos Reis (2001: 51) refere que "a predilecção por cenários e situações idealizados (não raro emergentes na chamada literatura de massas) revelam-se formas artificiais de cultivar no leitor uma outra identidade".

Valores presentes na obra

Uma das funções da literatura é a possibilidade de veicular, reafirmar e consciencializar o leitor para determinados valores universais como; o amor, o ódio, a justiça, a opressão, a rebeldia, a liberdade, a paz, o bem, o mal, a vida e a morte (Reis, 2001; Stivers, 2008; Walker & Rowlands, 2010). Neste sentido, Bronwyn T. Williams (2008) sublinha que a tomada de consciência destes valores e a reflexão ontológica das suas consequências, pelo indivíduo, remete-o para o seu profundo humanismo. Nesta perspetiva, Harold Bloom (2001: 28) sublinha que "para ler sentimentos humanos numa linguagem humana é preciso saber ler humanamente, com todo o ser", e Rui Vieira de Castro (2005) entende que a leitura é fundamental na formação cultural e humanista dos jovens quando promove os valores morais, culturais e estéticos.

No quadro da Estética da Receção, esta obra partilha com os seus leitores valores éticos de matriz universal tais como: *a amizade* (entre Bella e Jacob); *o amor, o altruísmo* (como o manifestado por Edward, ou o de Jacob, no âmbito das suas relações amorosas com Bella; ambos colocam em primeiro lugar a felicidade de Bella, chegando ao ponto de terem a intenção de prescindirem do seu amor); *o espírito de fraternidade e entreajuda* (entre os elementos do clã de vampiros da família

120

Cullen, ou entre os elementos da alcateia de lobisomens, da tribo índia Quileute; ou então entre os dois clãs – vampiros e lobisomens – quando se juntam e lutam para combaterem juntos vampiros recém-nascidos que desejam aniquilar a família Cullen e Bella); a *presença de atitudes em prol da vida humana* (a família de vampiros Cullen decidira há muito tempo prescindir de matar pessoas para beberem sangue humano, substituindo esse procedimento matando animais e alimentando-se do seu sangue).

Do mesmo modo transparecem algumas representações simbólicas de *idealização romântica* como se pode constatar pela figura 2:

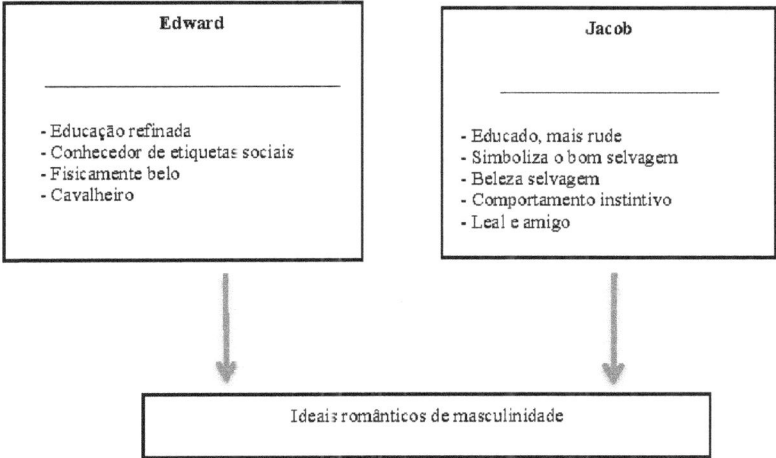

Edward	Jacob
- Educação refinada - Conhecedor de etiquetas sociais - Fisicamente belo - Cavalheiro	- Educado, mais rude - Simboliza o bom selvagem - Beleza selvagem - Comportamento instintivo - Leal e amigo

Ideais românticos de masculinidade

Figura 2

Conclusão

A matriz romântica presente na obra espelha uma certa visão idealista, consubstanciada através da fidelidade amorosa e do desejo de felicidade eterna. Esta perspetiva opõe-se a certos valores socioculturais, éticos e morais da sociedade ocidental contemporânea, crescente em todo o mundo devido ao fenómeno da globalização (Nilsen & Donelson, 2001; Beckett, 2009), presenciando-se uma crise no âmbito desses mesmos valores.

Resultante destes fatores, durante a narrativa manifesta-se uma distopia, enfatizada no desejo de Bella em se transformar em vampiro, por idealização amorosa, relegando a vida humana em prol de uma existência como vampira.

Alguns argumentos poderão fundamentar os motivos pelos quais os jovens se identificam com determinadas representações veiculadas pela obra, como por exemplo:

- Constituir-se como um romance de amor entre jovens;
- A narração realizar-se por uma personagem do género feminino na primeira pessoa;
- A existência de diversos momentos diegéticos que recaem sobre temas juvenis (ambiente de escola, conversas típicas de jovens, relações parentais, choques geracionais, idealizações amorosas, transgressão de normas sociais, etc.);
- Recurso a elementos fantásticos do imaginário tradicional universal;
- Recurso a contextos narrativos envoltos em fantasia;
- Valorização da beleza física de jovens: Edward e Jacob;
- A idealização de representações amorosas;
  - Fidelização
  - Altruísmo
  - Amizade
- Valorização do espírito de sacrifício a favor da felicidade da amada (tanto de Edward como de Jacob), desconstruído a imagem do herói (anti-herói).

Em Portugal, apesar de a escola pública propor um cânone literário, através de programas de promoção da leitura (Rede de Bibliotecas Escolares, Plano Nacional de Leitura e Educação Literária, no âmbito das Metas Curriculares de Português), os jovens lêem, frequentemente, uma literatura mais comercial. Impõe-se, pois, uma reflexão aprofundada, da parte dos mediadores de leitura (pais, professores, animadores da leitura, bibliotecários), acerca das obras que podem fazer parte de um cânone literário para a juventude, seja de caráter obrigatório, através do currículo, ou de caráter voluntário, pelas obras que os jovens leem fora do currículo. Formar leitores competentes e críticos, capazes de, gradualmente, serem autónomos na seleção de textos com qualidade estético-literária, deve ser a preocupação dos diversos agentes implicados, tanto na educação formal, como na educação informal.

Não terá sido por acaso que a saga *Twiligth* teve um enorme sucesso, à escala mundial, com cerca de 150 milhões de exemplares vendidos[23], em 20 idiomas[24].

Referências

Álvarez Fuentes, P. (2013). Los Jóvenes y la Industria: Sagas, Adaptacíones y Cine como Espectáculo. *Revista de Libros & Literatura Infantil y Juvenil, Habia una Vez*, Mayo, (13) 1-14. Disponível em <http://www.revistahabiaunavez.cl> Acedido em 2014.09.03

Areco, M. (2013). Cuéntame una Historia de Terror y te diré a qué le temes. *Revista de Libros & Literatura Infantil y Juvenil, Habia una Vez*, Noviembre, (15) 20-26. Disponível em <http://www.revistahabiaunavez.cl> Acedido em 2014.09.03

Azevedo, F. (2006). *Literatura Infantil e Leitores. Da Teoria às Práticas*. Braga: Instituto de Estudos da Criança.

Azevedo, F. (2010). Da Luta Entre o Bem e o Mal, as Crianças São Sempre Vencedoras. In F. Azevedo, F. (Coord.), *Infância, Memória e Imaginário: Ensaios Sobre Literatura*

---

[23] Cf. a informação constante na webpage que comercializa a tradução portuguesa da obra: http://www.stiodolivro.pt/pt/editora/edicoes-gailivro/

[24] Cf. a informação constante na webpage oficial da obra, na sua edição original: http://stepheniemeyer.com/

Infantil e Juvenil (pp. 11-29). Braga: CIFPEC - Universidade do Minho.

Azevedo, F. (2011). *Poder, Desejo, Utopia: Estudos em Literatura Infantil e Juvenil*. Braga: CIFPEC - Universidade do Minho.

Bachelard, G. (2003). *A Poética do Espaço*. São Paulo: Martins Fontes.

Bamberg, M. (2009). Identity and Narration. In P. Hühn, J. Pier, W. Schmid & J. Schönert (Coord), *Handbook of Narratology* (pp. 132-143). Berlin-New York: Walter de Gruyter.

Beckett, S. L. (2009). *Crossover Fiction: Global and Historical Perspectives*. New York - London: Routledge.

Bloom, H. (2001). *Como Ler e Porquê*. Lisboa: Caminho.

Bluemel, N. L. (2005). I Need a Good Mystery. *Collection Management*, 29(3), 73-82.

Botting, F. (2001). *Gothic*. London and New York: Routledge.

Bozzetto, R. (1998). *Territoires des Fantastiques. Des Romans Gothiques aux Récits d'Horreur Moderne*. Aix-en-Provence: Publications de l'Université de Provence.

Bruno, P. & Geneste, P. (2008). Le Roman pour la Jeunesse. In D. Escarpit (Coord.), *La Littérature de Jeunesse. Itinéraires D'hier à Aujourd'hui* (pp. 390-444). Mercuès: Magnard.

Castro, R. V. (2005). O Português no Ensino Secundário: Processos Contemporâneos de (Re)Configuração. In M. L. Dionísio & R. V. Castro (Org.), *O Português nas Escolas. Ensaios Sobre a Língua e a Literatura no Ensino Secundário* (pp. 31-78). Coimbra: Almedina.

Carranza, M. (2006). La Literatura al Servicio de los Valores, o cómo Conjurar el Peligro de la Literatura. *Imaginaria*, 181, 24 Maio. Disponível em <http://www.imaginaria.com.ar/> Acedido em 2014.09.23

Carranza, M. (2011). El Libro del Cementerio. *Imaginaria*, 306, 13 Dezembro. Disponível em <http://www.imaginaria.com.ar/> Acedido em 2014.09.23

Cerrillo, P. (2007). *Literatura Infantil y Juvenil y Educación Literaria. Hacia una Nueva Enseñanza de la Literatura.* Barcelona-Buenos Aires-México: Octaedro.

Cervera, J. (1991). *Teoría de la Literatura Infantil.* Bilbao: Ediciones Mensajero.

Colomer, T. (1998). *La Formación del Lector Literário. Narrativa Infantil y Juvenil Actual.* Madrid: Fundación Germán Sánchez Ruipérez.

Cruz, M. A. (2011). A Construção de «Adolescência» no Romance Juvenil Alemão e Português: uma Leitura de *Die Zeit der Schlafenden Hunde*, de Mirjam Pressler, e de *A Lua de Joana*, de Maria Teresa Maia Gonzalez. In F. Azevedo, A. Mesquita, A. Balça & S. R. Silva (Coord.), *Globalização na Literatura Infantil: Vozes, Rostos e Imagens* (pp. 103-125). Raleigh, N.C.: Lulu.

Eco, U. (1990). *O Super-Homem das Massas.* Lisboa: Difel.

Eco, U. (1991). *Apocalípticos e Integrados.* Lisboa: Difel.

Eco, U. (1993). *Leitura do Texto Literário, Lector in Fabula.* Lisboa: Editorial Presença.

Faúndez García, P. V. (2010). Literatura Juvenil: un Placer Intelectual que Debemos Desarrollar". *Revista de Libros & Literatura Infantil y Juvenil, Habia una Vez*, Noviembre, (4) 16-19. Disponível em <http://www.revistahabiaunavez.cl> Acedido em 2014.09.03

García Berrio, A. & Hernández Fernández, T. (2004). *Crítica Literaria. Iniciación al Estudio de la Literatura.* Madrid: Cátedra.

Hourihan, M. (1997). *Deconstructing the Hero: Literary Theory and Children`s Literature.* London – New York: Routledge.

Jose Olaziregi, M. (2010). Literatura Infantil e Ideologia. In F. Azevedo (Coord.), *Infância, Memória e Imaginário: Ensaios Sobre Literatura Infantil e Juvenil* (pp. 131-143). Braga: CIFPEC - Universidade do Minho.

Lai, M. K., Wilson, A., Mcnaughton, S. & Hsiao, S. (2014). Improving Achievement in Secondary Schools: Impact of a Literacy Project on Reading Comprehension and Secondary School Qualifications. *Reading Research Quarterly*, 49 (3), 305–334.

Llopis, R. (1973). M. R. James o el Apogeo del Fantasma. In M. R. James, *Trece Historias de Fantasmas*. Madrid: Alianza Editorial.

Lluch, G. (2003). *Análisis de Narrativas Infantiles y Juveniles*. Cuenca: Ediciones de la Universidad de Castilla-La Mancha.

Macedo, T. (2010a). A Metamorfose na Emergência do Imaginário. Leituras das Narrativas *Lendas do Mar* e *Lendas da Terra*, de José Jorge Letria. In F. Azevedo (Coord.), *Infância, Memória e Imaginário: Ensaios Sobre Literatura Infantil e Juvenil* (pp. 85-102). Braga: CIFPEC - Universidade do Minho.

Macedo, T. (2010b). *As Construções Ficcionais Bio-Historiográficas na Obra Infanto-Juvenil de José Jorge Letria: dos Modelos às Ideologias. Leitura Integral e Mediada*. Braga: Universidade do Minho. (Tese de doutoramento).

Martins, J. & Azevedo, F. (2008). Bibliotecas Escolares e Formação de Leitores. *Revista...à Beira*, 8, 95-115.

Martins, J. (2012). *A Literatura na Escola: Concepções, Práticas e Recepção Pelos Alunos: Um Estudo de Caso da Realidade Portuguesa*. Braga: IEC - Universidade do Minho (Tese de doutoramento).

Mazi-Lescovar, D. (2003). Voix Narrative et Réception par le Lecteur dans le Roman Américain pour Adolescents. In V.

Douglas (Coord.), *Perspectives Contemporaines du Roman pour la Jeunesse* (pp. 75-93). Paris: L'Harmattan.

Meyer, S. (2010). *Eclipse· Luz e Escuridão* (11.ª edição). Alfragide: Edições Gailivro.

Nilsen, A. P. & Donelson, K. L. (2001). *Literature for Today's Young Adults (6ᵗʰ ed.).* New York: Longman.

Nobile, A. (1992). *Literatura Infantil y Juvenil. la Infância y sus Libros en la Civilización Tecnológica.* Madrid: Ministério de Educación y Ciencia – Ediciones Morata.

Nodelman, P. (2008). *The Hidden Adult. Defining Children's Literature.* Baltimore: The Johns Hopkins University Press.

Núñez Sabarís, X. (2013). Fantástico e Imaginario Colectivo en los Cuentos de Valle-Inclán. In D. Roas & A. Casas (Eds.), *Visiones de lo fantástico en la Cultura Española (1900-1970)* (pp. 15-28). Málaga: E.d.a. Libros.

Pagès Jordà, V. (2009). *De Robinson Crusoe a Peter Pan. Un Canon de Literatura Juvenil.* Barcelona: Editorial Ariel.

Praag, G. Ottevaere-van (1997). *Le Roman pour la Jeunesse. Aproches, Définitions, Techniques Narratives.* Bern, Berlin, Frankfurt, New York, Paris, Wien: Peter Lang.

Ramos, A. M. (2008). *Os Monstros na Literatura de Cordel Portuguesa do Século XVIII.* Lisboa: IELT-UNL, Colibri.

Reis, C. (2001). *O Conhecimento da Literatura. Introdução aos Estudos Literários.* Coimbra: Livraria Almedina.

Reis, C. & Lopes, A. C. M. (2002). *Dicionário de Narratologia.* Coimbra: Livraria Almedina.

Roig Rechou, B. A. (2013). A Educación Literaria no Estado Español. In F. Azevedo & M. G. Sardinha (Org.), *Didática e Práticas. A Língua e a Educação Literária* (pp. 187-208). Guimarães: Opera Omnia.

Santis, P. (2013). Los Cristales de la Ficción. *Imaginaria*, 327. 26 Fevereiro. Disponível em <http://www.imaginaria.com.ar/> Acedido em 2014.09.23

Schmidt, A. (2014). ¿Por Qué Soy Lectora? Puertas, Ventanas y Armarios a Otros Mundos. *Revista de Libros & Literatura Infantil y Juvenil, Habia una Vez*, Mayo, 17, 94-95. Disponível em <http://www.revistahabiaunavez.cl > Acedido em 2014.09.22

Silva, G., Diogo, A. L., & Azevedo, F. (2008). Mitos e Temas Revisitados na Literatura Infanto-Juvenil Contemporânea: Uma Literacia de (re)Criação. *Congresso Internacional Em Estudos Da Criança, 1, Braga, Portugal, 2008 – "Infâncias Possíveis, Mundos Reais"*. Braga: Instituto de Estudos da Criança.

Silva, G. (2010). A Iniciação à Compreensão Mítica do Herói no Romance Jovem de Álvaro Magalhães. In F. Azevedo (Coord.). *Infância, Memória e Imaginário: Ensaios Sobre Literatura Infantil e Juvenil* (pp. 103-130). Braga: CIFPEC - Universidade do Minho.

Silva, V. M. A. (2002). *Teoria da Literatura*. Coimbra: Almedina.

Stivers, T. (2008). Stance, Alignment, and Affiliation During Storytelling: When Nodding is a Token of Affiliation. *Research On Language & Social Interaction*, 41(1), 31-57.

Trites, R. S. (2000). *Disturbing the Universe. Power and Repression in Adolescent Literature*. Iowa: University of Iowa Press.

Todorov, T. (2004). *Introdução à Literatura Fantástica*. S. Paulo: Perspectiva.

Walker, T. & Rowlands, K. D. (2010). Professional Resources. *Journal of Adolescent & Adult Literacy*, 53(6), 526-531.

Watkins, T. (2003). Topographie de la Librairie Magique: la Littérature pour la Jeunesse Récente en Grande-Bretagne. In V. Douglas (Coord.), *Perspectives Contemporaines du Roman pour la Jeunesse* (pp. 13-35). Paris: L`Harmattan.

Williams, B. T. (2008). Around the Block and Around the World: Teaching Literacy Across Cultures. *Journal of Adolescent & Adult Literacy*, 51(6), 510-514.

Zipes, J. (2000) (Ed.). *The Oxford Companion to Fairy Tales*. Oxford - New York: Oxford University Press.

Sites

Edições Gailivro. Disponível em <http://www.sitiodolivro.pt/pt/editora/edicoes-gailivro/> Acesso em 2014.08.30

Saga. 2014. *Encyclopædia Britannica Online*. Disponível em <http://www.britannica.com/EBchecked/topic/516175/saga > Acesso em 30.09.2014

Stephen Meyer. Disponível em <http://stepheniemeyer.com/> Acesso em 2014.08.30

CAPÍTULO 5

Representações distópicas do futuro no âmbito da ficção científica [25]

Jorge Passos Martins
CIEC, Universidade do Minho

Introdução

Os textos de ficção científica são uma forma de literatura, no âmbito da narrativa imaginária. Estes textos exibem eventos e mundos possíveis onde se estabelecem pontes com o desenvolvimento e as últimas descobertas ou invenções da ciência e da tecnologia (Goforth, 1998; van Dijk, 1999; Reis & Galvão, 2007), fundamentadas na expectativa de compreender o universo, podendo ser interpretadas como uma aproximação ao mundo real. Na perspetiva de William E. Herman & Bryan K. Herman (2006) e Matthew Hollow (2010), a ficção científica

[25] *Este trabalho foi financiado por Fundos Nacionais através da FCT (Fundação para a Ciência e a Tecnologia) no âmbito do projeto* UID/CED/00317/2013
Martins, J. P. (2015). Representações distópicas do futuro no âmbito da ficção científica. In F. Azevedo (Coord.), *Literatura para Crianças e Jovens. Da memória ao leitor* (pp. 131-161). Braga: Centro de Investigação em Estudos da Criança / Instituto de Educação. ISBN: 978-972-8952-38-9.

atual identifica-se com a fantasia, metamorfoseada através de um universo real ou irreal, concebido no passado, no presente ou no futuro.

Bernice E. Cullinan & Lee Galda (1994) entendem que a ficção científica se configura como uma especulação ficcional, construída numa estrutura alegórica, sobre probabilidades científicas efetuadas pelo escritor, que se fundamentam, como realça Nicholas Gevers (1999), num imaginário, imagens e convenções existentes entre as comunidades leitoras, tendo a literatura capacidade de subverter e de desconstruir essas imagens e convenções. Todavia, a narrativa de ficção científica requer uma certa plausibilidade, sustentada por teorias científicas (Davies, 2009; Kaku, 2010), assim como por regras internas consistentes que estruturam a fantasia das suas histórias (Goforth, 1998; Papantonakis, 2006), e que o leitor aceita, embora reconheça o seu caráter ficcional e inventivo.

Dois dos autores pioneiros marcaram a génese da ficção científica: Jules Verne e H. G. Wells (Nobile, 1992; Roberts, 2000; Lluch, 2003; Ontell, 2004; Luckhurst, 2005; Stableford, 2008), os quais, no final do século XIX, escreveram romances de aventura, que motivavam discussões sobre ciência e que preconizavam e antecipavam um futuro cheio de inovações técnicas e científicas, marcando, no entender de Gemma Lluch (2003) e George Papantonakis (2006), a era da novela realista na Europa e nos Estados Unidos, contexto em que este género emergiu. Neste contexto, Ben Bova (1975), como autor de ficção científica, identificou alguns valores que as crianças podiam adquirir ao interagirem com estas obras:

> a) Os autores preparam os jovens para as mudanças tecnológicas e científicas que podem encontrar quando atingirem a idade adulta;
> b) Os jovens leitores experienciam o que pode suceder se os valores sociais mudarem;

c) Os autores preparam as crianças para os perigos de uma sociedade mal preparada;

d) A ficção científica é uma excelente oportunidade para os leitores vivenciarem outro tempo e lugar, conhecendo um novo ambiente conduzido pelo autor.

Alan Hirvela (1989) acredita que o conhecimento e apreciação da ficção científica permitiria aos alunos experimentar e desenvolver qualidades diversas como normas e valores, a leitura crítica, competências cognitivas e um sentimento de conexão com a literatura tradicional. De facto a ficção científica retoma algumas dicotomias subjacentes nos contos de fadas e alguns mitos (Herman & Herman, 2006), como a luta do bem contra o mal, a verdade e a mentira, a justiça e a injustiça, a vida e a morte, o herói e o vilão (Cullinan & Galda, 1994; Goforth, 1998; Gevers, 1999; Ontell, 2004; Moritz, 2010), assim como efetiva uma moderna rescrita do relato utópico tradicional. Desta forma, os temas de ficção científica proporcionam uma reflexão sobre o impacto emocional, psicológico e mental, exercidos no ser humano quanto aos paradigmas, conflitos e mudanças futuros. Neste contexto, Adam Roberts (2000: 15) realça que as obras deste género literário propõem temas tão diversos como:

- Viagens interestelares ou interplanetárias, utilizando naves espaciais;
- Encontro com seres alienígenas;
- Robôs mecânicos e biológicos (androides), engenharia genética;
- Viagens no tempo;
- Computadores, tecnologia avançada, realidade virtual;
- Histórias alternativas;
- Utopias e distopias, num tempo futuro.

A fantasia pode estabelecer pontes com povos, lugares e acontecimentos que podem não ocorrer no mundo empírico e histórico-factual e a ficção científica permite colocar o leitor, como sublinha Meryl Pugh (1999), na fronteira da imaginação e das possibilidades ilimitadas, ajudando-o, por exemplo, a questionar e a ter uma mente aberta quanto à existência de outras formas de vida, permitindo-lhe adquirir uma crescente consciência de novos modelos de conhecimento. Neste contexto, Peter Dixon & Marisa Bortolussi (2009) consideram necessário refletir sobre o prazer estético produzido pelos diferentes géneros literários.

Apesar de alguns jovens leitores terem desenvolvido o gosto pela leitura, tendo-a iniciado em livros ilustrados passando para livros de fantasia mais complexos, como os de ficção científica, necessitam de um incentivo que pode ser concretizado pela leitura em voz alta, ou pelo contacto com diversos géneros que tenham temas similares, podendo ser uma experiência leitora poderosa e motivadora para os jovens leitores (Cullinan & Galda, 1994; Ritchie, Rigano & Duane, 2008), tal como salienta Ben Williamson (2010), na mesma linha de estudos como os de Anson Yang (2002), Christine Scodari (2003) e Val Ontell (2004), evidenciando que estas narrativas podem efetivar-se como um convite aos jovens para pensarem criativamente sobre a ciência e estimular o interesse pela literatura, sublinhando Anson Yang (2002: 50), "Science fiction in language classes can be very motivating for students".

Na ficção científica o leitor tem a possibilidade de questionar, de um modo crítico (Yang, 2002), os valores das sociedades contemporâneas (Cervera, 1997), por oposição a sociedades imaginadas no futuro, cujos títulos são, na generalidade sensacionalistas, sublinhando Angelo Nobile (1992) sobre a ideologia transmitida por este género, que é uma típica literatura de antecipação, fundamentada em mitos, expectativas, e angustias contemporâneas. Neste sentido, surgiram diversos

134

autores deste género literário como Isaac Asimov, John Christopher, Louise Lawrence e Aldous Huxley, e outros que tiveram expressão na sétima arte, o cinema como, *Frankenstein* (1931), de Mary Shelley; *The War of the Worlds* (1953), de H. G. Wells; *Fahrenheit 451* (1965), de Ray Bradbury; *2001: A Space Odyssey* (1968), de Arthur C. Clarke, ou então Matrix (1999), ou *The Terminator* (1984) que elevaram a ficção científica a uma forma de arte em que as questões morais não foram negligenciadas (Goforth, 1998; van Dijk, 1999).

Os Jogos da Fome

O presente texto faz parte da 14.ª edição, relativa ao primeiro volume, de uma saga composta por três obras (quadro 1), em que a autora norte-americana Suzanne Collins (2014) parece ter delineado a sua publicação. Os textos desta trilogia pertencem ao género da ficção científica e decorrem numa sociedade pós-apocalíptica, após uma catástrofe ambiental ter destruído uma grande parte da humanidade.

Quadro 1 – Data de publicação dos vários títulos da saga A temática

Título	Ano da 1.ª edição americana	Ano da 1.ª edição portuguesa	Autor	Editora portuguesa
Os Jogos da Fome	2008	2009	Suzanne Collins	Presença
Os Jogos da Fome – Em chamas	2009	2010	Suzanne Collins	Presença
Os Jogos da Fome – A Revolta	2010	2011	Suzanne Collins	Presença

A narrativa estabelece pontes com vertentes temáticas e simbólicas desenvolvidas na obra de George Orwell (1984), denunciando o controlo ostentado pelas forças do poder, através da forma absurda e surreal como o Capitólio manipulava e controlava os seus cidadãos. Nesta perspetiva, Roberta S. Trites (2000) refere ainda que na literatura direcionada para a juventude, os protagonistas devem aprender sobre a influência que o poder social exerce sobre as suas decisões e naquilo em que os transformou. Aprende-se, assim, a negociar com os níveis do poder institucionalizados, seja pela família, escola, igreja, governo, construções sociais, acerca da sexualidade, género, etnia, classe ou conceitos culturais da morte.

Neste contexto, a obra remete para diversas questões (Collins, 2014) que vão marcando a diegese: a extrema pobreza, a fome, a opressão, os efeitos da guerra, a luta pela auto-preservação. Deste modo, a autora retrata, tanto a falta de recursos básicos sentida pelos habitantes dos distritos, como a presença dos tributos na arena dos jogos, transparecendo, em ambos os casos, uma atmosfera de desamparo, vivida pela população mais fragilizada e desprotegida, o que origina diversos atos de superação de dificuldades exortados pelos protagonistas. Por exemplo, Katniss, a personagem principal, demonstra mestria com o arco e a flecha, facto que deriva da sua necessidade de sustentar a família através da caça, em território selvagem – na floresta, zona proibida –, evidenciando a sua rejeição às regras inflexíveis e controladoras do Capitólio – a capital de Panem. Assiste-se, também, a algumas opções tomadas pelas personagens que revelam ser eticamente discutíveis, tais como: os jovens participantes nos jogos, os tributos, modificam a sua personalidade de acordo com a necessidade de agradar aos patrocinadores e às audiências durante os jogos, por razões de sobrevivência.

Na diegese surgem conflitos e ambiguidades. Haymitch, o mentor, tornou-se alcoólico após ter vencido a 50ª edição dos jogos; a frivolidade é uma constante na forma de vestir excêntrica dos habitantes do Capitólio e no modo de vida, valorizado mais pela aparência do que pela essência, e pautado por um conjunto de valores invertidos ou desequilibrados.

Katniss: a ascensão de uma heroína

A diegese é narrada na primeira pessoa por Katniss Everdeen, com dezasseis anos, de cabelos escuros e pele cor de azeitona. Vive numa área pobre do Distrito 12, com a mãe e irmã, de doze anos, Primrose, de apelido Prim, em que o diminutivo pode ser revelador da relação muito afetiva que marca a relação entre as duas irmãs. Com a morte do pai, vê-se confrontada com o dever moral de proteção e sustento da família, desde muito nova, pois a sua mãe ficara apática, consequência do *stress* pós-traumático. Fora o pai, como patriarca, que lhe transmitira um conjunto de procedimentos de sobrevivência, tal como utilizar o arco e as flechas, manifestando-se como o primeiro passo simbólico na preparação da viagem da personagem herói para a sua aprendizagem da complexidade, como salienta Joël Thomas (2003), segundo um eixo da metáfora iconográfica da representação simbólica do *mundo do Pai*, conotado com uma postura ascética, voluntarista, e na capacidade de transformação de si e do mundo, após ultrapassar duros combates e um conjunto de provas. Desta forma, Katniss revela-se uma jovem introvertida e solitária, por assumir as responsabilidades muito cedo, fator que influencia o seu estado psicológico: aprende a ser astuta, esconde sentimentos e emoções, consegue manter em segredo o facto de a mãe estar impossibilitada de cuidar da família, pois ela e a irmã seriam retiradas da progenitora.

Na narrativa descrevem-se vários momentos em que os jovens estão em contacto com a desumanização da pobreza[26], ou a agressão psicológica e física, em que Katniss confidencia: "(…) caí num sono sem sonhos" (Collins, 2013: 31). Este facto leva-a a ligar-se a Gale, seu amigo, confidente e única pessoa perante a qual pode revelar a sua verdadeira forma de ser, onde sente segurança, conforto e é compreendida. Juntos, caçam ilegalmente na floresta que circunda o Distrito 12, espaço que é observado como proibido, mas simultaneamente área de transgressão, que pode simbolizar o ritual de passagem para a vida adulta, o segundo momento da preparação de Katniss para o seu crescimento como heroína, pois como enfatiza Alberto F. Araújo (2003), na demanda destas personagens, é usual enfrentarem dificuldades, perigos, onde realizam uma aprendizagem solitária de sobrevivência; fator que será útil a Katniss durante a participação nos jogos.

Quando a irmã Prim é selecionada para *Os Jogos da Fome*, Katniss voluntaria-se como tributo feminino substituindo-a. Com este ato revela altruísmo, coragem e maturidade, pelo que a sua atitude será valorizada pela sua comunidade que lhe agradece (Collins, 2013). No momento de se despedir da família, de partida para os jogos, Katniss confidencia ao leitor: "chorar não é uma opção (…)" (Collins, 2013: 33), "não é do meu feitio deixar-me vencer sem lutar" (Collins, 2013: 34). Nesse momento, Madge motiva-a, oferecendo-lhe um alfinete em ouro, com um pássaro em voo – um mimo-gaio – (Collins, 2013); este simboliza para Katniss a proteção espiritual do seu pai (Collins, 2013).

---

[26] Tal como Christine Sutphin (2004) realça acerca da educação Vitoriana, em Inglaterra, e que Charles Dickens denuncia em diversos textos seus como, *Oliver Twist* (1837-1839), *David Copperfield* (1849-1850), como enfatiza James Wood (2012), no âmbito de um realismo convencional do século XIX.

Na estadia no Capitólio, Katniss observa a vida de luxo e os excessos da capital, comparando-a com a pobreza dos distritos, levando-a a refletir de forma crítica sobre essa situação, tendo sentimentos de revolta. Este contraste entre um *mundo* privilegiado com o bem-estar e um *mundo* que sente imensas dificuldades, na vida quotidiana (os habitantes dos distritos viviam escravizados a explorar matérias-primas para sustentar as necessidades dos habitantes do Capitólio), pode encontrar correspondência com a recente história da civilização ocidental, como enfatizam Jérôme Bindé (2007) e Mario Vargas Llosa (2014), onde surgiram diversos países desenvolvidos, com patamares de bem-estar e conforto invulgares, em detrimento de outros que se mantiveram num estado de subdesenvolvimento.

A participação nos jogos constitui-se como o clímax do esquema iniciático que envolve Katniss, observando-se, no entender de Mircea Eliade (2000a), um cenário de regeneração espiritual, que se consubstancia na viagem (à arena) que incorpora um percurso simbólico e metafórico de transformação, através da aprendizagem e aquisição de maturidade, pela descida ao inferno, em que a jovem alcança o caminho da redenção e adquire o privilégio de se revelar numa heroína.

Este envolvimento forçado de Katniss nesta luta pela sobrevivência, proporciona a construção da figura de jovem heroína rebelde, que Gwyneth Jones (2008) classifica como um ícone[27] no quadro da ficção científica, porta-estandarte da luta pela justiça, contra a descriminação, na conquista da liberdade, em nome de todos os distritos, cujos cidadãos eram subjugados a um poder central, absoluto e manipulador.

---

[27] Gwyneth Jones (2008) identifica, simbolicamente, determinados ícones presentes na diversa literatura de ficção científica, que ajudam a classificar como género, tais como: foguetões, naves espaciais, realidades virtuais, robôs, extraterrestres, cientistas loucos, mulheres heroínas.

Essa progressiva ascensão percorre várias etapas, a referir:

- Voluntaria-se para substituir a irmã como tributo nos jogos;

- Na apresentação dos tributos, no Capitólio, desfila em sucesso com Peeta, de mãos dadas e envoltos em chamas;

- Desafia, durante os treinos, o júri e os patrocinadores, acertando com uma flecha num leitão assado que estes comiam, como forma de chamar a atenção;

- Na arena dos jogos ajuda Rue;

- Envolve-se com Peeta beijando-o, simulando que tem um romance, para agradar às audiências e patrocinadores;

- Evita matar outros tributos, só o faz em último recurso;

- Ultrapassa com êxito as diversas dificuldades e ameaças que surgem na floresta, onde se desenrolam os jogos;

- No final confronta os Produtores dos Jogos ameaçando morrer com Peeta.

O facto de a personagem principal ser do género feminino e ter uma atitude combativa, pode simbolizar, como sublinha Helen Merrick (2008), a ênfase dada ao estatuto da mulher na sociedade atual e o seu significado na luta ancestral pela igualdade de géneros. Apesar das adversidades que enfrenta, Katniss não esquece os valores como o amor, o carinho, a paixão, a camaradagem, em diversos momentos da narrativa. Esta postura contrasta com a violência dos jogos, a hipocrisia e a insensibilidade das pessoas do Capitólio. Neste contexto, Katniss revela-se uma vencedora: "Não posso mostrar fraqueza perante este sofrimento" (Collins, 2013: 128). A personagem interioriza o papel de heroína, não denunciando, durantes os jogos, as suas emoções, mantendo a frieza de atitudes, porque era esse comportamento que o público reclamava e era dessa forma que Katnis pretendia interagir com as câmaras de vigilância.

Na fronteira de um *reality show*

Nesta obra, tanto os momentos que antecedem os jogos, o decorrer, ou o seu encerramento, são acompanhados através dos *media*: pelos cidadãos do Capitólio, por diversão; e pelos cidadãos dos distritos, obrigados a assistir, para relembrar a vitória do Capitólio sobre os revoltosos. Todo o ritual encenado para apresentar os tributos, realçado pelo desfile pela cidade e a entrevista em palco, evidenciam um paralelismo com o que Mario Vargas Llosa (2014) denomina como *a civilização do espetáculo*, pelo sensacionalismo e o mediatismo manifestado pelos *reality shows* contemporâneos, tendo como fundamento três pilares: uma audiência alargada, uma vigilância constante dos participantes e um vencedor final.

O impacto dos *media* contemporâneos que Jean-Pierre Meunier & Daniel Peraya (2009) designam como modos de comunicação de massas, e que Gilles Lipovetsky & Jean Serroy (2010) apelidam de cultura-ecrã, revela que o indivíduo é seduzido por programas televisivos, computadores, consolas de jogos, *Internet*, *web-cams*, realidades virtuais como o *second life*, invadido por reportagens de guerra em diferido ou em direto. Este diálogo mediático pode convergir na formação de representações éticas e morais junto das audiências que assistem comodamente no sofá, através de atitudes como: a indiferença; tomar como adquirido a assunção de realidades disfuncionais; a avidez em violar a intimidade dos outros; como Suzanne Collins (2014: 1) sublinha: "then there's the voyeuristic thrill – watching people being humiliated, or brought to tears, or suffering physically". Neste sentido, Mario Vargas Llosa (2014) denuncia que o bem-estar, a liberdade de costumes, e o crescente ócio ocupado nas sociedades desenvolvidas, pode fomentar a indústria da diversão e a publicidade.

Verifica-se, neste quadro, que os jogos são realizados para causarem um impacto emocional nos habitantes do Capitólio, exercendo um controlo e manipulação psicológica das multidões. Por exemplo, na narrativa as pessoas do Capitólio visitam, de forma fria e insensível, os locais onde decorreram os jogos anteriores, como turistas; ou quando Katniss e Peeta são levados numa quadriga, no desfile de apresentação, de cujos fatos saíam chamas (Collins, 2013), a assistência do Capitólio fica em êxtase e em delírio pela surpresa e inovação.

Neste seguimento, os jogos são manipulados para satisfazer os interesses económicos dos patrocinadores, corresponderem às reivindicações das audiências, como por exemplo; quando os produtores dos jogos lançam fogo à floresta porque estes estavam demasiado serenos: as audiências reclamavam o derramamento de sangue e mortes, para se divertirem (Collins, 2013); ou quando se decide o lançamento de bolas de fogo contra Katniss, e esta compreende que a audiência deseja observar atitudes românticas entre ela e Peeta (Collins, 2013).

Em determinados programas televisivos contemporâneos, de entretenimento, dirigidos às audiências de massas, que implicam votações nos participantes, as estações condescenderam, por razões de *markting* comercial de captação de *share* de audiências em *prime-time*, que a audiência participe, na votação que decide a eliminação de concorrentes, numa presunção de seriedade civica. Verifica-se, assim, que o poder de decisão sobre a avaliação da qualidade estética dos intervenientes nesses programas deslocalizou-se dos júris competentes, para uma votação aleatória sujeita a várias influências e interesses, levantando questões éticas, tal como na obra em análise, os jogos são manipulados e as regras subvertidas, correspondendo às expectativas das audiências. Neste contexto, Gilles Lipovetsky & Jean Serroy (2010) sublinham que o descontrolo da informação presente nos *media* atuais, podem fomentar um sistema totalitário, à semelhança do filme *Metrópolis* (1927) de Fritz Lang, subjugando os seres humanos, em vez de os libertar.

A autora, Suzanne Collins, parece assim, ironizar com este estado de coisas dando voz a essa preocupação mediática levada a uma condição extrema: o da sobrevivência humana: a perversão no seu estado mais diabólico. Deste modo, *Os Jogos da Fome* representam um regresso às origens da espécie humana através da luta pela sobrevivência, em contraste com o desenvolvimento tecnológico.

Uma obra ambivalente

A obra, *Os Jogos da Fome*, revela-se uma história com muita ação e violência, com um suspense quase constante e, até, bastante controvérsia. Enquadra-se no conjunto de narrativas que exploram, do ponto de vista ideológico, certas distopias em contextos pós-apocalípticos (James, 2008), num futuro terrivelmente bem imaginado. A diegese desenvolve-se num ritmo perfeito, pleno de ação, com um dinamismo alicerçado na convincente construção da fascinante heroína – Katniss –, direcionada para um público ambivalente: o leitor adulto, que "exige do texto um elevado grau de complexidade" (Shavit, 2003: 104); assim como o leitor juvenil, tal como defende Denise Escarpit (2008), referindo que os romances de antecipação[28] destinados a um público adulto entram na esfera das leituras dos jovens. A investigadora Gisela Silva (2011) salienta que pela presença de códigos e mecanismos técnico-formais, assim como mítico-simbólicos com uma densidade semiótica elaborada, este género literário, que recorre ao fantástico, pode levantar questões de índole filosófico, numa perspetiva humanitária e cívica. Desta

---

[28] Cf. Mario Vargas Llosa (2014).

forma, considerando o valor da literatura de potencial receção leitora juvenil, Perry Nodelman (2008: 5) enfatiza que "the texts all address young readers in terms that make their youth a matter of significance", estando na mesma linha de Angelo Nobile (1992: 47) quando afirma que este género de obras promove uma "experiencia vital en el joven lector". De facto, pressupõem-se que os leitores desta faixa etária sejam detentores de uma competência leitora que lhes permita descodificar não só os códigos, como as convenções implícitas nos textos literários, sendo uma consequência da experiência leitora e de uma enciclopédia desenvolvida. Neste contexto, Pedro Cerrillo & Antonio Mendoza (2003) realçam que a interconexão entre textos literários (ficcionais ou não ficcionais), assumem uma dupla função: a que possibilita identificar algumas marcas da sua criação e a que permite projetar a sua funcionalidade no âmbito da receção.

Deste modo, só o leitor experiente, com uma competência literária adquirida, como salienta Layla K. Schuld (2014), consegue estabelecer relações de intertextualidade, onde cada obra permite efetuar relações de continuidade, rutura, semelhança ou contraste com toda a ficção lida, tal como as que estão presentes neste texto:

- A obra *1984*, de George Orwell, que faz referência a um estado totalitário, o Super-Estado, enfatizando a vigilância constante sobre os cidadãos;
- As narrativas, de pendor realista, como *Oliver Twist*; de Charles Dickens, através da crítica social, que realçam a vontade de reformar uma sociedade exploradora, os asilos para órfãos, os locais de trabalho degradados, as escolas que mais se assemelhavam a locais de tortura;
- O mito da *Fénix*, que simboliza os ciclos naturais de morte e do renascimento (os Estados Unidos da América tinham sido destruídos por uma catástrofe e renascido através da nação

Panem). Neste contexto, e na mesma temática, surgem no cinema alguns filmes como *O Planeta dos Macacos*, *Mad Max*, *The Terminator*;

- Paralelismo com factos da história universal: os jogos do Coliseu de Roma (81 a 96 d. C.): nesses jogos terão ocorrido combates de gladiadores, execuções, caçadas, numa escala sem precedentes;

- A mitologia grega na figura de Teseu: a cidade de Atenas via-se obrigada a pagar determinados tributos ao rei de Creta, Minos, onde se incluía a doação de sete rapazes e sete raparigas para alimentar Minctauro, o monstro com corpo de homem e cabeça de touro. Esta criatura habitava num labirinto onde ninguém conseguia sair sem ajuda. Perante estes factos, Teseu voluntariou-se como uma das vítimas de modo a derrotar o Minotauro. Chegado a Creta, Teseu conheceu Ariadne, filha do rei, e esta ofereceu-lhe uma espada e um novelo de linha para derrotar o monstro e conseguir fugir do labirinto.

- A destruição, que é observada como elemento simbólico, regenerador e libertador do cosmos, no âmbito da ficção científica, quando se verifica que a humanidade, como civilização, chegou a um conjunto de excessos civilizacionais (éticos, morais, sociais, económicos, etc.), como por exemplo a grande depressão de 1929.

Três histórias do futuro

O texto, de Luísa Ducla Soares, originalmente editado em 1982, pela editora *Afrontamento*, surge como um volume da autora portuguesa, composto por três narrativas no âmbito da ficção científica, contextualizadas num tempo futuro, tecnologicamente desenvolvido.

As narrativas pretendem alertar para determinadas preocupações ambientais e éticas (ambição desmedida, poluição, sustentabilidade) em consequência de atitudes humanas mais

145

inconscientes e/ ou extremas. No entanto, apesar desse espaço temporal projetado no futuro, a autora fundamenta-se em temáticas contemporâneas, outorgando uma forma de expressão da literatura portuguesa de cariz mais endógeno, fixando as histórias nas cidades de Lisboa, ou de Alcochete, com referências ao rio Tejo, enfatizando o equilíbrio / desequilíbrio ambiental. Desta forma, os dois primeiros contos contribuem para a construção de uma consciência ecológica (Ramos, 2007) junto dos leitores, enquanto o terceiro convida o leitor a refletir sobre questões éticas e ontológicas colocadas no âmbito da evolução da ciência, do desenvolvimento da tecnologia, e a discutível preservação dos valores humanos.

É neste contexto que Sandra L. Beckett (2009) e Marci Glaus (2014) realçam que, exigindo a literatura esforço de interpretação, o leitor mais jovem deve interagir com textos gradualmente mais complexos; estando esta obra, de Luísa Ducla Soares, direcionada para crianças, mas encontrando-se na fronteira do sistema semiótico literário, consequência da evolução do cânone. Neste contexto, Ana M. Ramos (2012: 41) realça que a produção literária contemporânea, no âmbito da literatura de potencial receção leitora infantojuvenil, procura temas e motivos, de modo assíduo e insistente, possibilitando identificar "poéticas globais, não circunscritas a um público-alvo preferencial".

A literatura na construção de uma consciência ecológica

No primeiro conto, *Que Grande Furo!*, através da descoberta de petróleo na cidade de Lisboa, no século XXI (de relembrar que foi escrito em 1982), enfatiza-se, de um modo satírico (Silva, 2005), a aspiração coletiva de um povo – o português – através da inerente transformação económica, social, cultural e política do país, a melhores condições de vida, através da sublimação do bem-estar do cidadão, "Poderia haver algum

146

povo mais feliz?" (Soares, 2011: 17). Esta transformação permite alcançar uma melhor qualidade de vida: os cidadãos não trabalham, auferem excelentes ordenados, obtém regalias, tudo lhes é facultado gratuitamente. Este combustível fóssil – o petróleo – pode representar, no contexto económico atual, a perseguição do mito da *pedra filosofal* da sociedade contemporânea, sinónimo de acesso a determinadas ilusões, fantasias ou devaneios que o *markting* comercial, na opinião de Gilles Lipovetsky (2011), fomenta num mundo submetido à globalização, trazendo tantas promessas como perigos. É desta forma que a autora, continuando com a sátira humorista e o recurso ao absurdo, ficciona a salvação económica de Portugal, onde os cidadãos usufruem de férias prolongadas, contratando-se outras pessoas para trabalhar em seu lugar, e os jovens deixam de estudar porque não veem qualquer utilidade nesse imperativo.

Devido à ambição descontrolada, fomenta-se a perfuração de novos poços em todo o país, não importa onde, sinónimo de destruição do património natural e arquitetónico: "Deitou-se abaixo a torre de Belém que encobria uma pequena jazida", e o "Castelo de S. Jorge" (Soares, 2011: 14); a "Universidade de Coimbra transformada em estação de serviço"; o Mosteiro dos Jerónimos em depósito de crude (Soares, 2011: 16).

O texto destaca a possibilidade do ser humano optar pelas diversas fontes de energia, as limpas ou as poluentes, estando sujeita, como sublinham Clare Bradford, Kerry Mallan, John Stephens & Robyn McCallum (2008), à manipulação, pelos jogos de poder, e ao funcionamento da economia de mercado que pode regular ou desregular o seu valor comercial, com impacto na qualidade de vida do planeta (ecologia, clima, poluição, etc.).

Na segunda narrativa, *Século XXVII, Cidade de Alcochete*, Luísa Ducla Soares enfatiza o desenvolvimento desenfreado de uma cidade, realçando o patamar de evolução tecnológica e científica alcançado. Esgotados os recursos naturais, criam-se artificialmente: árvores, flores de plástico; touros robotizados

(Soares, 2011); onde as rampas de lançamento de foguetões são acessíveis ao vulgar cidadão.

A autora satiriza com o desenvolvimento urbano insustentável a vários níveis: fábricas aos milhares; enormes chapéus de fumo que saíam das chaminés industriais; o rio Tejo transformado no maior cano de esgoto da Península Ibérica; os prédios que eram construídos tão juntos que não permitiam ver o sol; os fumos tóxicos que entravam nas casas; as pessoas usavam máscaras de oxigénio. Mais uma vez, dá-se ênfase à ambição desmedida do ser humano, tornando-se vítima dos seus atos que carecem de reflexão, sentido de responsabilidade, no âmbito da regulação da economia de mercado em que continuará a viver a pretensa sociedade do futuro. Salienta Teresa Colomer (1999), quando estas temáticas estão presentes em textos de ficção, que se denuncia as formas de alienação e exploração da sociedade industrial moderna, reivindicando a harmonia com a natureza, convergindo, assim, numa crítica à sociedade contemporânea. Na diegese, os avanços tecnológicos permitem ao senhor Roquete, cansado da poluição e do *stress* quotidiano no planeta Terra, encontrar outro planeta mais saudável para viver. Porém, muitos habitantes têm a mesma decisão, acompanhando-o, mas com atitudes recorrentes que resultam em nova onda de poluição. Luísa Ducla Soares parodia com o facto do ser humano ter dificuldade em viver em equilíbrio com a natureza e com os seus pares. Nesta linha de pensamento, Ângela Balça (2010) enfatiza que a literatura ostenta, para além de uma função lúdica e estética, uma função formativa, e que o texto literário pode fomentar, pela sua dimensão simbólica, a abertura de perspetivas, ao leitor, no sentido de conhecer, aceitar e conviver com o *Outro*.

O senhor Roquete regressa à Terra encontrando automóveis abandonados, arranha-céus silenciosos mas, como sinal de esperança de um mundo renascido, em cada chaminé há um ninho de cegonhas. No contexto da teoria da ondulação cíclica e retorno periódico dos acontecimentos, Mircea Eliade (2000b)

148

realça que este facto pode traduzir-se numa reminiscência da busca do *Éden* perdido, que renasce da destruição.

A terceira narrativa, *Um filho por Encomenda*, revela-se como uma metáfora da dependência tecnológica do ser humano e as implicações da utilização desses meios, afirmando James Wood (2010: 218) que a metáfora assume-se como uma realidade alternativa no quadro da ficção, condensando "o processo imaginativo numa única ação". Por exemplo, o forte impacto da desumanização da sociedade, em que o homem está a ser substituído, em múltiplas funções que exercia, pela robotização de tarefas, com o fundamento ilusório de que a sua qualidade de vida melhorará de modo significativo. O rei D. Malaquias, o Mecanista, simboliza a falácia do indivíduo que se deixa seduzir e dominar pela tecnologia, onde está excluída a capacidade crítica e reflexiva para avaliar os prós e os contras da sua produção e utilização; tal como o ser humano que está subjugado ao *dolce far niente*, "mal entrava na casa de banho, um duche automático disparava" (Soares, 2011: 30); ou "um robô lhe entrava quarto dentro, estendendo um tabuleiro com o pequeno-almoço". O rei coloca em causa a sua própria descendência quando rejeita toda e qualquer proposta de noiva, pois "(…) nenhuma tinha a perfeição de uma máquina" (Soares, 2011: 31). O clímax da narrativa pode encontrar-se no momento em que, através da ciência e da tecnologia, D. Malaquias consegue criar o que julgava ser o príncipe perfeito: tinha uma grande inteligência precoce de criança sobredotada com quatro anos. Porém, algo faltava ao pequeno príncipe, e que D. Malaquias, tudo indicava, já se tinha esquecido: a importância do amor e do carinho.

A literatura de ficção científica explora, de forma recorrente, a perda de valores humanos quando a "febre" da tecnologia invade a sociedade (Calado, 2014) e reencontra-os após alguma catástrofe, ou aproximação dela, como sucedeu ao rei D. Malaquias, que descobriu um conjunto de sentimentos pelo seu filho, verificando-se a urgência em fomentar cada vez mais os valores da vida, promovendo uma sociedade mais humanista.

Ilustração: a pertinência de uma linguagem de *sombras*

Marca estética presente em número cada vez maior de obras literárias, a representação icónica permite, quando realizada com essa intencionalidade, facultar horizontes de sentido, de um modo polifónico e plurissignificativo, exigindo que o leitor conheça o funcionamento dos seus códigos, para que possa alcançar em plenitude a sua leitura; linguagem esta não visível, porque possui uma natureza implícita, que Perry Nodelman (2008) denomina de *sombras*.

Em *Três Histórias do Futuro*, Paul Driver, o ilustrador, revela-nos, na composição icónica, em interação com o texto, elementos que derrogam horizontes pela sua matiz distópica que marca a obra: uma sociedade do futuro com alguns valores invertidos, destruturados e ideais de sociedade atípicos. As ilustrações sugerem uma dupla inferência: mais explícita em imagens tipificadas, do senso comum (máquinas, expressões humanas, sinais de destruição, de poluição), e outras de cariz mais implícita que apela à experiência leitora e às possibilidades de estabelecer pontes com outros textos ou conhecimento enciclopédico (na semântica de tonalidades dominantes, identificação de monumentos parcialmente destruídos, interação com o grau de consciência ecológica, compreensão do conceito de sustentabilidade ambiental, relacionamento dos problemas ambientais contemporâneos com possíveis consequências no futuro).

Mais recentemente, Geraldine Burke & Amy Cutter-Mackenzie (2010), na mesma linha de Anne Bamford (2003), Jon Callow (2008) e Robyn Seglem & Shelbie Witte (2009), sugerem que a literacia visual fomenta a interpretação, a análise e a discussão sobre o conteúdo de uma imagem e as suas implicações sociais.

Avanços tecnológicos mais significativos presentes nas narrativas

Como textos pertencentes ao género da ficção científica, as duas obras apresentam diversas referências ligadas ao mundo fantástico (Todorov, 2004) e, por vezes, maravilhoso (Todorov, 2004), consequência dos avanços tecnológicos e científicos sugeridos, que proporcionam transformações de caráter *mágico*. Consubstanciam-se, assim, como uma rescrita contemporânea dos contos de fadas (Zipes, 2000), recorrendo a mitos (pelo seu poder simbólico e alegórico) originários do folclore da cultura universal (Nodelmam, 1996), e como refere Italo Calvino (2010), com elementos estruturais do mundo fabulístico: pormenores escatológicos, temas aterradores, vitória do bem sobre o mal, a recompensa *versus* castigo, personagens boas de virtudes simples *versus* personagens de perversidade malvada; convidando o leitor a estabelecer pontes com o repositório pertencente a esse imaginário.

Algumas dessas referências concretizam-se graças ao hipotético desenvolvimento científico e técnico, encontrando-se discriminadas no quadro 2.

Os Jogos da Fome	Três Histórias do Futuro
- Tecnologia presente no quarto de Katniss enquanto se prepara para os jogos (tudo aparece de forma instantânea, basta pedir ou carregar em botões) (p. 60); - Aeronave (p. 65); - Vespas assassinas modificadas geneticamente (p. 132);	*Século XXVII, Cidade de Alcochete* - Rampas de lançamento de foguetões; - Touros de metal robotizados; - Árvores artificiais; - Viagens interplanetárias.

- Bálsamo para curar instantaneamente as feridas (p. 134); - Capacidade de alterar as mudanças de temperatura (pp. 185-186); - Capacidade de dominar os elementos naturais (provocar chuva, sol, frio) (p. 225); - Capacidade de ressuscitar seres humanos e transformá-los em seres mutantes (p. 228); - Transporte de pessoas para as naves faz-se através de uma corrente elétrica que levita as pessoas paralisando-as (p. 237); - A moda exótica do vestuário e *maquillage* das pessoas do Capitólio (cores berrantes, arranjo dos cabelos invulgares).	***Um Filho por Encomenda*** - Robôs humanoides (p. 30); - Casa de banho automatizada (duche, água, secagem...) (p. 30); - Máquinas de fazer sol, chuva, vento... (p. 31); - Capacidade de criar vida artificialmente (p. 33).

Quadro 2

Uma visão distópica do futuro

As duas obras invocam diversas vozes, em consonância com determinados valores universais que caraterizam os textos que fazem parte do centro do sistema semiótico literário, ou que nele pretendam estar incluídos. Apresentam, assim, visões premonitórias no que se pode transformar a sociedade no futuro, fundamentando-se as autoras (Suzanne Collins e Luísa Ducla Soares) nas inquietações que atravessam a sociedade atual. Deste modo, Alleen P. Nilsen & Kenneth L. Donelson (2001) sublinham que estes géneros textuais, normalmente, retratam a insatisfação das sociedades contemporâneas em que os autores enfatizam mais os aspetos sociais, psicológicos ou emocionais em detrimento da tecnologia.

Nos dois textos, os parâmetros pelos quais se regem as respetivas sociedades, representam um retrocesso civilizacional: em *Os Jogos da Fome*, a sociedade renasce após um cataclismo, fundada em valores muito discutíveis, como salienta Edward James (2008) referindo-se a temáticas deste género, com referências ao surgimento de sociedades opressivas que anulam a individualidade, através da liderança, por elites autoritárias. A questão da sobrevivência humana é transversal a toda a narrativa, o que coloca as personagens, na perspetiva de Farah Mendleshon (2008), perante uma realidade grotesca, com os mais diversos constrangimentos éticos e respetiva reação ou pró-reação (medo, pânico, resiliência, espírito de solidariedade, o bem *versus* mal, a luta pela justiça e liberdade…).

No caso de *Três Histórias do Futuro*, a humanidade é confrontada com questões de sustentabilidade, onde predomina a crítica à perda de valores fundamentais como a educação e a cultura (Mociño González, 2007), em benefício do poder económico, ironizando Luísa Ducla Soares, com a construção de uma sociedade deslumbrada pelas novas tecnologias. Do mesmo modo, os textos revelam uma perspetiva quase escatológica do mundo (Eliade, 2000b), em que o homem através do livre arbítrio, coloca em causa a sustentabilidade ecológica e ambiental, motivos que devem preocupar cidadãos, países e órgãos de poder (político, económico…), assumindo-se como uma representação metafórica do futuro, fundamentada no atual crescimento económico e exponencial aumento demográfico.

Neste contexto, Clare Bradford, Kerry Mallan, John Stephens & Robyn McCallum (2008), salientam que o futuro da nova ordem mundial depende, em muito, das escolhas que os líderes mundiais fazem e dos valores que essas decisões promovem. A ordem mundial reflete, deste modo, os valores dominantes, sendo, não raras vezes, parciais e podem encobrir a busca pela paz e a justiça, realçando Julie L. Pennington, Kathryn M. Obenchain & Cynthia H. Brock (2014), a este propósito, que os cidadãos devem ter uma intervenção crítica na sociedade, pelo que devem estar informados sobre os seus direitos e responsabilidades civis.

De forma pertinente, Louise M. Rosenblatt (1995) alerta para a época de mudança que atravessamos, na qual os educadores têm responsabilidades na preparação dos jovens, sublinhando Hilary Janks (2014: 349): "A *critical* approach to education can help us to name and interrogate our practices in order to change them". Nesta perspetiva, reside o valor da literatura, realçando Fernando Azevedo (2011) que esta permite um contacto afetivo e emocional com múltiplos mundos possíveis, ocasionando aos leitores o acesso a caminhos plurais, pelo conhecimento e reflexão, questionando, neste contexto, Harold Bloom (2014), até que ponto a criatividade do escritor pode influenciar o aumento de uma consciência junto dos leitores.

Referências

Araújo, A. F. (2003). Parsifal e o Graal. Contributo para uma Mitanálise da Iniciação. In A. F. Araújo & F. P. Baptista (Coords.), *Variações Sobre o Imaginário. Domínios, Teorizações, Prácticas Hermenêuticas* (pp. 487-509). Lisboa: Instituto Piaget.

Azevedo, F. (2011). *Poder, Desejo, Utopia: Estudos em Literatura Infantil e Juvenil*. Braga: CIFPEC - Universidade do Minho.

Balça, A. (2010). Representações da Alteridade na Literatura Infantil. In F. Azevedo (Coord.), *Infância, Memória e Imaginário: Ensaios Sobre Literatura Infantil e Juvenil* (pp. 47-55). Braga: CIFPEC - Universidade do Minho.

Bamford, A. (2003). *The Visual Literacy White Paper*. Sydney: The University Of Sydney.

Beckett, S. L. (2009). *Crossover Fiction: Global and Historical Perspectives*. New York - London: Routledge.

Bindé, J. (Coord.) (2007). *Rumo às Sociedades do Conhecimento. Relatório Mundial da Unesco*. Lisboa: Instituto Piaget.

Bradford, C., Mallan, K., Stephens, J. & Mccallum, R. (2008). *New World Orders in Contemporary Children's Literature. Utopian Transformations*. New York: Palgrave Macmillan.

Bova, B. (1975). *Through Eyes Of Wonder: Science Fiction And Science*. New York: Addison Wesley.

Bloom, H. (2014). *Génio. Os 100 Autores Mais Criativos da História da Literatura*. Lisboa: Temas e Debates - Círculo de Leitores.

Burke, G. & Cutter-Mackenzie, A. (2010). What's There, What If, What Then, And What Can We Do? An Immersive And Embodied Experience Of Environment And Place Through Children's Literature. *Environmental Education Research*, 16(3), 311-330.

Calado, J. (2014). *Limites da Ciência*. Lisboa: Fundação Francisco Manuel dos Santos.

Callow, J. (2008). Show Me: Principles for Assessing Students' Visual Literacy. *The Reading Teacher*, 61(8), 616-626.

Calvino, I. (2010). *Sobre o Conto de Fadas*. Lisboa: Teorema.

Cerrillo, P. & Mendoza, A. (2003). Introducción. A. Mendoza & P. Cerrillo (Coord.), *Intertextos: Aspectos Sobre la Recepción del Discurso Artístico* (pp. 9-13). Cuenca: Universidad de Castilla-La Mancha.

Cervera, J. (1997). *La Creación Literaria para Niños*. Bilbao: Ediciones Mensajero.

Collins, S. (2013). *Os Jogos da Fome*. Lisboa: Editorial Presença.

Collins, S. (2014). A Conversation: Questions & Answers (pp-1-4). Disponível em < http://www.thehungergames.co.uk/the-author/> Acedido em 2014.10.29.

Colomer, T. (1999). *Introducción A La Literatura Infantil Y Juvenil*. Madrid: Editorial Síntesis.

Cullinan, B. E. & Galda, L. (1994). *Literature And The Child*. Forth Worth: Harcourt Brace College Publishers.

Davies, P. (2009). *O Jackpot Cósmico. Porque é o Nosso Universo Mesmo Bom Para a Vida*. Lisboa: Gradiva.

Dixon, P. & Bortolussi, M. (2009). Readers' Knowledge of Popular Genre. *Discourse Processes*, 46(6), 541-571.

Eliade, M. (2000a). *Mitos, Sonhos e Mistérios*. Lisboa: Edições 70.

Eliade, M. (2000b). *O Mito do Eterno Retorno*. Lisboa: Edições 70.

Escarpit, D. (2008). *La Littérature de Jeunesse. Itinéraires D`hier à Aujourd`hui*. Mercuès: Magnard.

Gevers, N. (1999). Genres of Death and the Death of Genres: Eschatological Critiques of Science Fiction and Fantasy in Michael Swanwick's a Geography of Unknown Lands. *Journal of Literary Studies*, 15(1), 81- 93.

Glaus, M. (2014). Text Complexity and Young Adult Literature. Establishing Its Place. *Journal of Adolescent & Adult Literacy*, 57(5), pp. 407-416.

Goforth, F. S. (1998). *Literature & The Learner*. Belmont, CA: Wadsworth Publishing Company.

Herman, W. E. & Herman, B. K. (2006). Humanistic Themes In Science Fiction: An Interview With David A. Kyle. *The Humanistic Psychologist*, 34(3), 263-280.

Hirvela, A. (1989). Five Badreasons Why ESL Teachers Avoid Literature. *The British Journal Of Language Teaching* 27 (3), 127-132.

Hollow, M. (2010). Writing Science Fiction: A Beginners Guide For Historians. *Rethinking History*, 14(1), 131-136.

Janks, H. (2014). Critical Literacy's Ongoing Importance for Education. *Journal of Adolescent & Adult Literacy*, 57(5), pp. 349-356.

James, E. (2008). Utopias and Anti-utopias. In E. James & F. Mendleshon (Eds.), *The Cambridge Companion to Science Fiction* (pp. 219-229). Cambridge: Cambridge University Press.

Jones, G. (2008).The Icones of Science Fiction. In E. James & F. Mendleshon (Ed.), *The Cambridge Companion to Science*

Fiction (pp. 163-173). Cambridge: Cambridge University Press.

Kaku, M. (2010). *Mundos Paralelos. Uma Viagem Pela Criação, Dimensões Superiores e Futuro do Cosmos.* Lisboa: Bizâncio.

Lipovetsky, G. & Serroy, J. (2010). *A Cultura-Mundo. Resposta a Uma Sociedade Desorientada.* Lisboa: Edições 70.

Lipovetsky, G. (2011). Tempo Contra Tempo ou a Sociedade Hipermoderna. In G. Lipovetsky & S. Charles. *Os Tempos Hipermodernos* (pp. 53-106). Lisboa: Edições 70.

Luckhurst, R. (2005). *Science Fiction.* Cambridge and Malden: Polity Press.

Lluch, G. (2003). *Análisis de Narrativas Infantiles y Juveniles.* Cuenca: Ediciones de la Universidad de Castilla-La Mancha.

Mendleshon, F. (2008). Introduction: Reading Science Fiction. In E. James & F. Mendleshon (Ed.). *The Cambridge Companion to Science Fiction* (pp. 1-12). Cambridge: Cambridge University Press.

Merrick, H. (2008). Gender in Science Fiction. In E. James & F. Mendleshon (Ed.), *The Cambridge Companion to Science Fiction* (pp. 241-252). Cambridge: Cambridge University Press.

Meunier, J. P. & Peraya, D. (2009). *Introdução às Teorias da Comunicação.* Lisboa: Instituto Piaget.

Mociño González, I. (2007). Imagen de la Identidade en los Primeros Productos de Narrativa Infantil y Juvenil de Ficción Científica Gallega y Portuguesa. In F. Azevedo et al. (Coord.), *Imaginário, Identidades e Margens. Estudos em Torno da Literatura Infanto-Juvenil* (pp. 305-315). V. N. de Gaia: Gailivro.

Moritz, J. M. (2010) Science Fiction, ET, And The Theological Cosmology Of Avatar. *Theology And Science*, 8(2), 127-131.

Nilsen, A. P. & Donelson, K. L. (2001). *Literature for Today`s Young Adults*. New York: Longman.

Nobile, A. (1992). *Literatura Infantil y Juvenil. La Infancia y sus Libros en la Civilización Tecnológica*. Madrid: Ministério de Educación y Ciencia – Ediciones Morata.

Nodelman, P. (1996). *The Pleasures of Childen's Literature*. New York: Longman.

Nodelman, P. (2008). *The Hidden Adult. Defining Children`s Literature*. Baltimore: The Johns Hopkins University Press.

Ontell, V. (2004). Imagine That! *Community & Junior College Libraries*, 12(1), 57-70.

Papantonakis, G. (2006). Thoughts On Greek Works Of Science Fiction For Children. *New Review of Children's Literature and Librarianship*, 12(1), 49-66.

Pennington, J. L., Obenchain, K. M. & Brock, C. H. (2014). Reading Informational Texts. A Civic Transactional Perspective. *The Reading Teacher*, 67 (7), 532-542.

Pugh, M. (1999). You Canna Change The Laws Of Fiction, Jim!': A Personal Account Of Reading Science Fiction. *Changing English*, 6(1), 19-30.

Ramos, A. M (2012). *Tendências Contemporâneas da Literatura Portuguesa para a Infância e Juventude*. Tropelias & Companhia.

Ramos, R. (2007). Promoção da Ecoliteracia – Virtualidades e Limitações em Textos para a Infância. In F. Azevedo et al. (Coord.), *Imaginário, Identidades e Margens. Estudos em Torno da Literatura Infanto-Juvenil* (pp. 577-586). V. N. de Gaia: Gailivro.

Reis, P. & Galvão, C. (2007). Reflecting On Scientists' Activity Based On Science Fiction Stories Written By Secondary Students. *International Journal Of Science Education*, 29(10), 1245-1260.

Ritchie, S., Rigano, D. & Duane, A. (2008). Writing An Ecological Mystery In Class: Merging Genres And

Learning Science. *International Journal of Science Education*, 30(2), 143-166.

Roberts, A. (2000) *Science Fiction*. London and New York: Routledge.

Rosenblatt, L. M. (1995). *Literature as Exploration*. New York: The Modern Language Association of America.

Savater, F. (1976). *La Infancia Recuperada*. Madrid: Taurus.

Schuld, L. K. (2014). Science Teachers Read Books, Too. *The Reading Teacher*, 68 (1), 80.

Scodari, C. (2003). Resistance Re-Examined: Gender, Fan Practices, and Science Fiction Television. *Popular Communication*, 1(2), 111-130.

Seglem, R. & Witte, S. (2009). You Gotta See It To Believe It: Teaching Visual Literacy In The English Classroom. *Journal of Adolescent & Adult Literacy*, 53(3), 216-226.

Shavit, Z. (2003). *Poética da Literatura para Crianças*. Lisboa: Caminho.

Silva, G. (2011). A Nova Literatura na Promoção de uma Competência Literária Global, Verdade ou Consequência. In F. Azevedo, A. Mesquita, A. Balça & S. R. Silva (Coord.), *Globalização na Literatura Infantil. Vozes, Rostos, e Imagens* (pp. 215-234). Raleigh, N. C.: Lulu Entreprises.

Silva, S. R. (2005). *Dez Réis de Gente... e de Livros*. Lisboa: Caminho.

Soares, L. D. (2011). *Três Histórias do Futuro*. Lisboa: Civilização.

Stableford, B. (2008).Science Fiction Before the Genre. E. James & F. Mendleshon (Ed.), *The Cambridge Companion to Science Fiction* (pp. 15-31). Cambridge: Cambridge University Press.

Sutphins, C. (2004). Victorian Childhood. Reading Beyond The «Innocent Title»: Home Thoughts and Home Scenes. K.

Lesnik-Oberstein (Org.), *Children`s Literature. New Aproaches* (pp. 51-77). New York: Palgrave Macmillan.

Thomas, J. (2003). O Imaginário Vergiliano. In A. F. Araújo & F. P. Baptista (Coords.), *Variações Sobre o Imaginário. Domínios, Teorizações, Prácticas Hermenêuticas* (pp. 469-486). Lisboa: Instituto Piaget.

Todorov, T. (2004). *Introdução à Literatura Fantástica.* S. Paulo: Perspectiva.

Trites, R. S. (2000). *Disturbing the Universe. Power and Repression in Adolescent Literature.* Iowa City: University of Iowa Press.

Van DIJK, J. (1999). Cloning Humans, Cloning Literature: Genetics and the Imagination Deficit. *New Genetics and Society*, 18(1), 9-22.

Vargas Llosa, M. (2014). *A Civilização do Espetáculo.* Lisboa: Quetzal Editores.

Williamson, B. (2010). Policy Utopias, Sci-Fi Dystopias, And Contemporary Contests Over Childhood In Education Reform In The UK. *Journal of Children and Media*, 4(2), 206-222.

Wood, J. (2010). *A Mecânica da Ficção.* Lisboa: Quetzal Editores.

Wood, J. (2012). *A Herança Perdida. Ensaios Sobre Literatura e Crença.* Lisboa: Quetzal Editores.

Yang, A. (2002). Science Fiction in the EFL Class. *Language, Culture and Curriculum*, 15(1), 50-60.

Zipes, J. (2000) (Ed.), *The Oxford Companion To Fairy Tales.* Oxford - New York: Oxford University Press.

Sites

Collins, S. The Hunger Games. Disponível em < http://www.thehungergames.co.uk/the-author/> Acedido em 2014.10.29

Pack Trilogia Os Jogos da Fome. Editorial Presença. Disponível em <http://www.presenca.pt/livro/pack-jogos-da-fome/> Acedido em 2014.10.08

CAPÍTULO 6

Notas sobre os géneros de cariz confessional [29]

Jorge Passos Martins
CIEC, Universidade do Minho

Introdução

Os géneros de cariz confessional, como a memória autobiográfica, diluem-se no tempo como textos potencialmente literários. Situa-se nos primórdios da Idade Média um dos mais importantes modelos de uma obra autobiográfica, as *Confessiones*, de Santo Agostinho (século IV) (Pascal, 1960; Anderson, 2001; Freeman & Brockmeier, 2001), percursor da introspeção psicológica e antevisão existencialista, salientando Alberto Manguel (1999: 67): "é verdade que algo no tom [...] sugere uma intimidade confortável, propícia à partilha de segredos". Deste modo, a obra tem exercido profunda influência, até hoje, sobre textos de diversos filósofos tais como: Blaise

---

[29] *Este trabalho foi financiado por Fundos Nacionais através da FCT (Fundação para a Ciência e a Tecnologia) no âmbito do projeto* UID/CED/00317/2013
Martins, J. P. (2015). Notas sobre os géneros de cariz confessional. In F. Azevedo (Coord.), *Literatura para Crianças e Jovens. Da memória ao leitor* (pp. 163-185). Braga: Centro de Investigação em Estudos da Criança / Instituto de Educação. ISBN: 978-972-8952-38-9.

Pascal (1623-1662), com um texto póstumo, *Pensées de M. Pascal sur la religion et sur quelques autres sujets, qui ont esté trouvées après sa mort parmy ses papiers* (1670); Søren Kierkgaard (1813-1855), através da obra, *Diário de um Sedutor*, que é a primeira parte do livro *Ou isso, ou aquilo: um fragmento de vida* (1843); ou influenciando escritores como Jean-Jacques Rousseau (1712-1778), em obras como, *Rêveries du Promeneur Solitaire* (1782) ou *Les Confessions* (1782-1789).

Os modelos narrativos escritos na primeira pessoa, como as biografias, as memórias ou os diários, foram, durante largo período, considerados menores, e viram-se afastados do centro do cânone literário. No caso dos diários, subsistem os de foro íntimo, de reflexão pessoal, assim como os que podemos apelidar de diários ficcionais, tal como Hans Paschen (2002) sublinha, os que aproveitam o modelo do diário para representar, como manifestação artística, o real. São os diários, realizados como obra de ficção, que o autor opta, em lugar da estrutura narrativa do conto, do romance ou da crónica, que elege como registo típico para revelar aos leitores as vivências pessoais, com um caráter de introspeção, ou com uma dimensão axiológica (ética, moral, ontológica), no relacionamento com os outros. Neste sentido, Martin Neumann (2002: 140) realça que um diário consubstancia-se à luz de normas epistemológicas, de conteúdo ou de forma, em geral inacessíveis a outros géneros literários. Em geral, o autor escreve com o objetivo de publicar, materializa-se como uma escrita intencional, ou seja, o escritor escreve com a presença de um leitor implícito (Iser, 1978; Cocks, 2004; Schmid, 2009); a escrita é direcionada a alguém (interlocutor), realçando, neste contexto, Julia Kristeva (1969), que os textos literários apresentam, em larga medida, uma tessitura de natureza polifónica, passível de uma receção subjetiva do leitor (Jaus, 1982), complementando Neil Cocks (2004: 111), "that texts can be read in a number of a different ways, not just in one *correct* way".

O registo diarístico como expressão literária

Coloca-se uma questão ambígua no âmbito destas narrativas, que é compreender até que ponto a negação implícita do seu caráter fictício é um recurso fictício convencional. Os diários, nesta perspetiva, enunciam amplamente a questão dos limites da arte expressa pelo texto, construída entre a realidade histórico-factual e a ficcionalidade (Schmidt, 1987; Silva, 2002), ao sobrepor composições no âmbito literário e não-literário. Nesta perspetiva, Ronald C. Arnett, Pat Arneson & Annette Holba (2008: 223) sublinham que, no âmbito da Estética da Receção, "a horizon moves both the historical question and the temporal common center to a position of public identity while simultaneously reminding us of the presence of the multiplicity of meanings".

Se o texto literário se materializa como reflexo da natureza humana, então a literatura, sob a forma de diário, voltada para a condição humana e o sentido da vida, pode inserir-se neste panorama de averiguações que redimensionam a existência através da textualidade. Desta forma, para alcançar o patamar de literatura, enquanto objeto semiótico, o diário deve ultrapassar a materialidade do assunto, já que a arte efetiva-se por uma reflexão plurissignificativa e polissémica sobre determinada realidade.

Neste seguimento, Philippe Lejeune (1975: 14) propõe uma definição de autobiografia:

> Récit rétrospectif en prose qu'une personne réelle fait de sa propre existence, lorsqu'elle met l'accent sur sa vie individuelle, en particulier sur l'histoire de sa personnalité.

Nesta perspetiva, pode conceber-se uma definição para o diário, concretizando-se como um relato fracionado, escrito retrospetivamente, mas com um curto espetro de tempo entre o acontecido e o seu registo, em que um *eu*, com vida extratextual, comprovada ou não, anota periodicamente, com o auxílio de datas, um conteúdo muito variável, mas que singulariza e revela, por escolhas particulares, um *eu-narrador*, sempre muito próximo dos factos. Segundo Philippe Lejeune (1975), a autobiografia diferencia-se do diário íntimo na *perspetiva retrospetiva da narração*, requisito que o diário não cumpre, mas, na verdade, só se narra o passado. Nos diários, o relato dos factos é retrospetivo, porém a natureza da matéria manipulada, pelo diarista, difere da matéria do escritor das demais formas autobiográficas pois, nestas, o assunto é conhecido pelo autor, tornando possível a sua evocação. O mecanismo do escritor de diários mantém apenas uma conexão imediata, mas sem deixar de ser retrospetiva, com a realidade descrita.

A experiência de vida narrada pelo autor, como diário ou autobiografia, revela-se interessante por possibilitar, ao leitor, projetar a sua subjetividade, em vez de aceitar passivamente os supostos segredos ali declarados, realçando Eduardo Prado Coelho (1987) que, neste contexto, pressupõe-se uma polarização entre dois sujeitos normais, no âmbito de uma *presença* e de uma *participação*, passível de os impulsionar para uma *subjetividade infinita* ou *real absoluto*, no sentido de alcançar, o que o autor denomina de a presença do *Invisível*. O desafio, diante de uma tal abordagem fenomenológica dos diários íntimos na sua relação com o leitor, é, contudo, o aprofundamento da reflexão para um outro nível, no qual a história social da prática sobre a escrita do *eu* e da evolução do conceito de sujeito concorrem no sentido de analisar, como salientam Paulo de Medeiros (2002) e Peter Hanenberg (2002), como a escrita subjetiva é ou tem sido, na verdade, uma história da constituição do sujeito, como realça Jerome Bruner (2001), através da sua relação com o *outro*. Como

166

consequência, deve-se abordar a leitura da escrita subjetiva como um exercício de autodescoberta do leitor, pela sua presença enquanto alteridade nas escritas do *eu*, e não apenas pela projeção da sua subjetividade no ato da leitura. Neste contexto, Roland Barthes (1995: 128) salienta:

> Não posso *escrever-me*. Qual o *eu* que escreveria? À medida que entrasse na escrita, a escrita esvaziá-lo-ia, torná-lo-ia inútil; produzir-se-ia uma progressiva degradação, na qual a imagem do outro seria, também ela, pouco a pouco arrastada (escrever sobre qualquer coisa é prescrevê-la), um fastio cuja conclusão não podia ser senão: *para quê?*

A verosimilhança

Esta será a justificação plausível, cedida ao leitor, para a publicação do diário, mas efetiva-se apenas como um recurso utilizado para simular a sua autenticidade, um mecanismo que assegura verosimilhança à obra (Stalloni, 2010). Singulariza-se como o fingimento literário, a imitação da realidade, a reprodução/ representação da natureza – a mimese –, tão ligada ao processo artístico, tal como na literatura (Matos, 2001), sublinhando Hans Paschen (2002: 128) que "a estrutura furada do diário permite representar aquela tensão entre realidade imaginada, ansiada e sonhada, e a realidade oscilante da obra de arte". O género do diário, com todas as suas peculiaridades, atende ao projeto do autor, relevando-se, então, a coerência interna da obra: os factos da narrativa podem ser ilógicos, mas deve haver no universo literário uma atmosfera que justifique aquela ausência de nexo, de modo que o todo resulte num conjunto coerente. Se isso ocorrer, a obra tem sua coerência interna, vai ser verosímil internamente, não em confronto com a realidade.

Sucede, então, que a pretensa *sinceridade* ostentada pelos autores de diários faz parte do que Philippe Lejeune (1975) denominou de *pacto-autobiográfico*: a ideia de que o conteúdo dos registos íntimos é verdadeiro, quando se baseia na noção de que o autor está a ser *sincero*: trata-se da promessa de sinceridade, da *revelação* completa de si. Neste contexto, o conceito de *pacto-autobiográfico* foi a solução encontrada para o problema de estabelecer fronteiras entre os modos discursivos fictícios e os modos discursivos factuais. Trata-se, por conseguinte, de uma forma de contrato entre autor e leitor, na qual o autobiógrafo se compromete, explicitamente, não a uma exatidão histórica impossível (Lejeune, 1975), mas a uma apresentação sincera de sua vida. Quem escreve compromete-se a ser sincero e quem lê passa a indagar revelações que possam ser confirmadas extratextualmente.

Em suma, a verosimilhança constitui-se como a impressão da verdade que a ficção consegue provocar, graças à coerência interna da obra, ao correto uso que o autor faz de todos os elementos que tem à disposição para criar sua diegese, realçando Peter Hanenberg (2002), que a matriz de autenticidade do diário não está conotada com a autenticidade ao nível da verdadeira história íntima do autor, mas sim uma autenticidade que satisfaz os critérios de um projeto de esclarecimento do leitor. O mesmo ocorre na ficção científica, na narrativa fantástica, que manifestamente atuam com factos improváveis da realidade.

Identidade e sujeito

De modo bastante objetivo Jonathan Culler (1997) analisa duas questões primordiais, subjacentes ao tema da constituição da identidade: apresentar-se como uma categoria pré-determinada ou algo construído; e se deveria ser concebida em termos individuais ou sociais. Levantadas as duas questões decorrem quatro segmentos distintos do problema: o primeiro segmento aponta para a possibilidade da identidade ser algo imanente, remetendo a um sujeito autónomo, cuja identidade já se encontra constituída previamente aos seus atos e palavras; o segundo segmento compreende a noção de identidade individual, porém, determinada a partir da sua inserção sociocultural, pelo que nesta linha de pensamento, Eduardo Prado Coelho (1987: 471) considera que "a crítica de identificação visa fazer coincidir o sujeito-criador e o sujeito crítico". Nesse segmento, percebem-se distinções de género, etnia e nacionalidade (Kramsch, 1998; Feldman, 2001; Lazü, 2004), contudo, ainda como modelos fixos e inalteráveis. O terceiro segmento proposto por Jonathan Culler (1997) seria uma combinação entre a identidade como algo dado, mas também moldado pelos atos e palavras, o que caracteriza essa identidade como fundamentada numa certa essência, embora em constante mudança. Por fim, o quarto segmento seria uma espécie de identidade pós-moderna (Trites, 2000; Bruner, 2001; Freeman & Brockmeier, 2001) que poderia enfatizar tanto a inexorabilidade da sua natureza pré-determinada e individual, quanto as suas flutuações de acordo com o seu local de inserção; o contexto social, cultural, político, ideológico (Rowsell & Pahl, 2007), tal como enfatizava Eduardo Prado Coelho (1987: 475) "se a relação de comunicação coloca a crítica de identificação *no espaço de um paradigma comunicacional*, a relação de significação, que lhe se sobrepõe, *vem abrir uma outra dimensão*".

Uma afirmação do *eu*

Os géneros literários intimistas pressupõem um discurso virado para o *eu* (Gusdorf, 1991a), presente ou subentendido, e no entender de Rom Harré (2001), para evocar experiências marcantes (momentos, etapas), iniciativas da vida pessoal ou profissional, a sua relação com o meio sociocultural; expressando diversas emoções que marcaram ou atravessam a sua vivência. Desta forma, o que move o escritor do diário, a refletir sobre si, através do código escrito, é a plausibilidade da descoberta de que

169

a própria realidade manifesta-se numa rede de complexidade existencial (Vieira, 2002), e, por não se expressar de maneira transparente, leva certas pessoas a investigá-la. O diarista parece aproximar-se da introversão e do exame de consciência, que se relaciona com uma não conformidade com o mundo social que o envolve; revela-se uma pessoa potencialmente com um nível cultural elevado; uma inquietude de ser; um indivíduo que busca um sentido na vida, passível de ser exteriorizado, como manifestação estética, junto de um público leitor.

Para Georges Gusdorf (1991b), a literatura do *eu* detém uma perspetiva fenomenológica, mas não ontológica: retrata o homem curioso de si e curioso dos outros, revela-se um observador relativamente imparcial, de um género do qual se considera representante. Neste contexto, Martin Neumann (2002) outorga outra dimensão do *eu*: aquele que escreve o diário, como uma entidade numa situação unilateral de comunicação, cujo destinador e destinatário são um e o mesmo sujeito, não existindo reação de interlocutores, porque diversas vezes o diário é escrito em isolamento (na puberdade, na prisão, na doença), tendo um estatuto de *confidencialidade*; a relação entre o *eu* e o diário revela-se pela contradição entre a vontade de falar e a de guardar segredo, pelo que Roland Barthes (2001) salienta as razões que aproximam o *medo* da *fruição*: até que ponto alguém escreve para expurgar o medo: a loucura? Tal como a fruição, ele é clandestinidade absoluta, conclui Roland Barthes.

A questão essencial que faz parte do universo deste género confessional específico, diz respeito à sua publicação, pois, ao passar do âmbito privado para o domínio público, põe em causa o seu caráter de secreto (Freeman, 2001), onde as confidências sobre si mesmo sofrem modificações e recortes que as transformam numa espécie de ficção, em que o caráter de texto espontâneo é planeado. Alain Girard (1986) tenta explicar essa ligação ao afirmar que o fluxo crescente do diário, e sobretudo a passagem da intimidade à publicação, quer dizer, do caráter

170

privado a um caráter público, manifestam uma mudança profunda na conceção que o indivíduo faz de si mesmo.

Os diários, de um modo geral, criam a ilusão da espontaneidade e do imediatismo por meio, tanto das fragmentações ou das elipses, quanto do pacto entre autor e leitor, salientando João M. Mendes (2001) que abre-se o caminho para a reflexão da forma como a *identificação* e a *projeção* "trabalham para a constituição do *Self* através do conhecimento de alternativas positivas ou negativas de si próprios", no contexto das narrativas históricas ou ficcionais. Contendo vestígios biográficos ou informações puramente ficcionais, os diários apresentam caraterísticas que os identificam e delimitam como género específico. A caraterística mais expressiva diz respeito à presença do quotidiano, pois só há escrita em forma de diário, como realçam Hans Paschen (2002) e Philippe Lejeune (2005), quando o texto remete para uma escrita datada. Ao registar a sua vivência diária, anotando factos, pensamentos e procurando reter a passagem do tempo, o diarista pretende organizar o que, *a priori*, não é subordinável. A tentativa de racionalização da experiência do quotidiano é a base do género. As datas que costumam aparecer nas anotações de um diário, além de tentativa de organização de uma possível existência, são uma ordenação dos acontecimentos dentro da narrativa (Lejeune & Bogaert, 2006), criando um elo que une, muitas vezes, acontecimentos sem nenhuma ligação entre si, salientando Peter Hanenberg (2002) que o género diarístico assume-se através da qualidade de orientação no caos e no labirinto das experiências humanas, constituindo uma resposta à fragmentação da vida moderna. Além destas caraterísticas, a sustentação do diário, como um género, está relacionado com a curiosidade do seu vasto público, que procura um conhecimento íntimo sobre quem o escreve, tais como: detalhes sobre o autor que se expõe, não importando que seja famoso como um grande escritor (*Cadernos de Lanzarote*,

1997, de José Saramago) ou uma adolescente no meio de uma época conturbada (*O diário de Anne Frank*, 1958).

Tipologias emergentes: as memórias

A subjetividade é algo inato à condição humana, caraterizada pelo conjunto de vivências ao longo da existência do indivíduo, no conjunto dos seus saberes, das suas sensações, das afinidades, dos comportamentos, quer para criar o mundo (representações socioculturais), como para o influenciar. Como sublinha Adriano D. Rodrigues (2011), a existência humana enquadra-se em três dimensões: 1) ontológica: o conjunto de juízos que se aceitam como seguros, pela norma, e regulam a sociedade, tendo a ver com a existência dos indivíduos, de si próprios e as relações que estabelecem com os outros e o mundo natural; 2) ética: conjunto de juízos acerca do mundo natural, do mundo intersubjetivo e subjetivo, que se aceitam como norma, e que tem a ver com a crença do bem sobre o mal; e 3) estética: o conjunto de juízos acerca do mundo natural, intersubjetivo e subjetivo, que permitam ao indivíduo discernir entre as formas agradáveis ou desagradáveis, as que fomentam prazer ou desprazer.

Neste contexto, ao conjunto de saberes alicerçados na interiorização das leis da natureza, e dos dispositivos neurológicos de que o ser humano é dotado, que se denomina *experiência*, depende dos mecanismos da memória (Rodrigues, 2011), da capacidade de rememoração, na atualidade, das marcas simbolicamente importantes resultado das experiências subjetivas vividas no passado, e das consequências – processo prospetivo, de previsão – que podem originar no futuro.

Neste seguimento, a literatura que se assume com um cariz íntimo, confessional e subjetivo, é aquela que maior possibilidade apresenta de se aproximar do leitor, pois centra-se no sujeito, fala de um *eu* passível de revelar a sua vida, estabelecendo, desta forma, uma ligação intimista entre autor e leitor. Deste modo, existem diversas tipologias de diários, mas os que se demarcam são os destinatários, privados ou públicos, que farão uma possível diferença entre ambos. Os diários de escritores costumam pertencer ao segundo tipo e são nestes textos que o narrador frequentemente assume atitudes de historiador ou de cronista.

Sébastien Hubier (2003) faz uma longa análise sobre as literaturas íntimas, nas quais ele examina o uso singular da primeira pessoa, o *eu*, nos discursos ditos referenciais e nos discursos literários. O investigador observa que os géneros que empregam o *eu* são a memória autobiografia; a memória diarística (*journal intime*); a narrativa epistolar; romance autobiográfico; crónicas; relatos de viagem, e mais recentemente a autoficção. Dessa forma, tenta estabelecer uma divisão entre estes géneros que se pretendem referenciais, ou seja, valorizam a autenticidade do discurso, e os géneros ficcionais, que podem utilizar a forma dos primeiros como intencional estratégia literária. Noutra perspetiva, Sébastien Hubier traz à luz os discursos que ficam entre esses dois géneros, os que estão no limiar da verdade e da ficção. De referir que a delimitação entre os três primeiros géneros nem sempre é nítida gerando, diversas vezes, incertezas relativamente à classificação literária de certos textos. A escrita íntima intencional exige, da mesma forma, do autor, um compromisso estético, deixando de ser um livre exercício de revelação pessoal para efetivar-se como uma obra literária.

Entre alguns primeiros exemplos de obras que registaram memórias factuais intercaladas com a ficção, temos a *Ilíada*, de Homero (VIII a. C.) e *Os Lusíadas*, de Luís de Camões (1497-98). Algumas das possibilidades deste género literário já foram consagradas, tais como os diários de viagem[30], ligados às primeiras manifestações do género; os diários de guerra[31]; os diários de escritores[32], ligados ao seu contexto histórico, considerando que estas formas reconhecidas, muitas vezes se misturam no mesmo texto; diários de adolescentes[33]; diários de cariz pedagógico[34], e alguns diários que se transformaram em

---

[30] A este propósito: *A epopeia de Gilgamesh*, anónimo (VII a. C.); *Il Milione*, de Marco Polo (cerca de 1298); *Peregrinação*, de Fernão Mendes Pinto (1614); *Diário da viagem de Vasco da Gama*, de Álvaro Velho (1572).

[31] A este propósito: *A Crónica de D. João I*, Fernão Lopes (1644); *The Great War and modern memory*, de Paul Fussell (2000); *Memórias de um prisioneiro de guerra*; António Júlio Rosa (2003).

[32] A este propósito: *Diary Of Virginia Woolf* (Vols. 1-5), coordenação de Anne O. Bell (1985); *Diários. Diários de Viagem*, Franz Kafka (2014); *Livro do Desassossego*, de Fernando Pessoa (heterónimo Bernardo Soares) (2013); *Bertolt Brecht Journals, 1934-55 (Diaries, Letters and Essays)*, coordenação de John Willett (1993); *Windblown World – The Journals of Jack Kerouac – 1947-1954*, coordenação de Douglas Brinkley, (2004); The *Unabridged Journals of Sylvia Plath, 1950-1962*, coordenação de Karen V. Kukil (2000); *Diário* (I-XVI), de Miguel Torga (1941-1994); *Peregrinação Interior* (I-II), de António Alçada Baptista (1971-1982); *Conta-Corrente* (I-V), de Vergílio Ferreira (1980-1987); *Cadernos de Lanzarote* (I-V), de José Saramago (1995-1998).

[33] A este propósito: *O Diário Secreto de Adrian Mole aos 13 Anos e ¾.*, de Sue Townsend (1982); *Diário Secreto de Camila*, de Ana M. Magalhães & Isabel Alçada (2003); *Diário de um Banana*, de Jeff Kinney (2007); *Diário de Sofia & C.ª (aos 15 anos)*, de Luísa Ducla Soares (2009); *A lua de Joana*, de Maria Teresa Gonzalez (2010); *Diário de uma Totó. Histórias de uma Vida Pouco ou Nada Fabulosa*, de R. R. Russel (2010); *O Diário do Micas. Mistério na Primeira República*, de P. Reis. (2010); *O Diário de um Vampiro Banana*, de Tim Collins (2010); *O Diário da Friki*, de Anna Cammany (2014).

[34] A este propósito: *Diários de uma sala de Aula*, coordenação de Maria F. Mónica (2014).

bestsellers[35]. Com a intenção de experimentar novas abordagens e simultaneamente desconstruir o conceito vulgar de escrever um diário, e com o intuito de motivar os jovens para a promoção e gosto pela expressão escrita, através de sugestões de escrita criativa e experiências plásticas, Keri Smith propõe um volume intitulado, *Destrói este diário, criar é destruir*, um livro interativo para fomentar a criatividade e desafiar a imaginação.

O diário, revelando-se um dos géneros da literatura autobiográfica, que regista as vivências e sentimentos de um *eu* (retrato de interioridade), face ao mundo que o rodeia, detém, assim, um caráter intimista e confidente. De facto, o diário é íntimo, privado e secreto, no entanto, com a sua publicação, afigura-se igualmente como partilha a partir do momento em que se comunica com os outros, perdendo, desta forma, o seu estatuto de privado. Aliás, para os mais puristas a sua publicação revela-se como uma contradição. No entanto, no entender de Carlos Manuel Teixeira (2011) na mesma linha de (Lejeune, 1975), Carlos Reis & Ana Cristina Lopes (2002) e Martin Neumann (2002) existem diversas possibilidades temáticas sobre as quais se desenvolve o diário:

- Vivências do *eu*;
- Relações de alteridade do *eu*;
- Testemunho de situações;
- Narração do contexto social, político e histórico em que o *eu* se insere;
- Reflexão sobre questões complexas:
  - que o afetam (individuais);
  - que afetam o seu país (nacionais);
  - que afetam o mundo (globais);
- Confissões/ confidências.

---

[35] A este propósito: *Os Filhos da Droga*, de Christiane V. Felscherinow (1978); *Diário de Bridget Jones*, de Helen Fielding (1998).

O diário *íntimo*

A partir do momento em que regista as suas reflexões, o autor de um diário aceita o risco de tornar públicas essas confidências e expressões de sentimento mas, dos géneros da escrita confessional (Vieira, 2002), o diário íntimo é o que menor possibilidade apresentaria de encontrar um interlocutor. O imaginário do leitor apresenta um caráter invasivo no ato de ler o diário; revela-se um ato de leitura explorador de intimidades. O diário íntimo consubstancia-se, assim, como um dos géneros da literatura de introspeção, perspetivando-se com um cunho subjetivo e confessional. Concede-se o espaço à palavra de um sujeito, que realiza uma leitura de si mesmo, voltado para o *eu*, em descoberta do autoconhecimento através da análise de experiências vividas, ou, também, na especulação de uma catarse, em que paralelamente eleva a sua vida a um plano artístico.

O diário íntimo, enquanto ato de escrita, terá sido integrado na literatura no Romantismo, como género, uma vez que é nesse período que a subjetividade, no entender de Linda Anderson (2001), ganha valor literário como expressão artística.

É a partir do estabelecimento da sociedade burguesa, que a literatura íntima adquire maior estatuto, sublinhando Arnold Hauser (2003) que, nesse período, a literatura destinava-se em exclusivo ao mercado livre, identificado com o público burguês; esse reconhecimento era também enfatizado pela disseminação do conceito de indivíduo (Reis, 2001), ou seja, quando, no Ocidente, o homem adquire a convicção histórica de sua existência (Freeman & Brockmeier, 2001). Nestes registos, afirmam-se impressões pessoais sobre diversos factos, registam-se momentos de êxitos e fracassos, analisam-se amores, bens materiais, livros, ensaiam-se pretensões literárias, relatam-se aventuras de viagens, a educação dos filhos, entre muitas outras funções e temáticas.

Em *Cher cahier...*, Philippe Lejeune (1989) sugere que o leitor de diários íntimos tenha uma postura questionadora sobre sua posição diante da leitura de registos íntimos: "confidente ou voyeur?". O contexto no qual a leitura ocorre determinaria, em princípio, qual o papel do leitor, entre os dois extremos colocados por Philippe Lejeune.

Diário íntimo como prática educativa

Entre os diversos motivos para explicar o que leva alguém a escrever um diário íntimo, enfatiza-se o facto desse género de escrita constituir-se como uma prática educativa, podendo observar-se esta *praxis* no que Teun van Dijk (2005) teoriza como *funções sociais das ideologias*, através das quais se coordenam e admitem os elementos de um grupo no âmbito das ações sociais e das suas finalidades, em que Arthur L. Wilson (2009: 5) remete para algumas relações que se estabelecem:

> To make discourse analysis more systematic, it requires explicit theories of power – and a willingness to engage the many contradictions and paradoxes of power – because the analysis is about figuring the working(s) of power.

Neste contexto, tem-se constituído como prática, o facto de os pais escreverem diários visando a edificação dos filhos, registando experiências consideradas significativas e dignas de serem reproduzidas pelos mais novos. Noutros casos, a tarefa de escrever sobre si mesmo era amplamente incentivada por pais e/ou professores (Delieuvin, 2003; Illiade, 2006), preocupados com a edificação moral dos adolescentes, tendo ambos, consciência das múltiplas possibilidades que esse género de escrita revelava, enquanto forma de sistematização do pensamento, exercício de escrita, constituição de uma identidade e controlo do *outro*. Esta perspetiva pedagógica enfatiza a comunicação, sob a forma de modelos sociais, visando a compreensão de conhecimentos e o resultado dos seus processos, em determinados contextos (van Dijk, 2009).

O princípio *guarde para o futuro as suas recordações* era uma garantia de que as experiências registadas, com alguma relevância, poderiam servir para a edificação de outros indivíduos no futuro, além de ajudar o autor do diário a recuperar o *fio da memória* nos momentos em que a identidade construída para si manifestasse sinais de desorganização. Por outro lado, registar os factos do quotidiano, por elementos do género feminino, sem necessitar de contar às suas amigas, era uma forma de circunscrever essa prática educativa ao ambiente familiar, limitando possíveis influências do meio social. Neste contexto, devido a práticas socioculturais em determinados contextos históricos, a escrita diarística terá ficado, em geral, vinculada ao universo feminino e, por essa razão, não floresceu tanto entre os estudantes do género masculino. Neste contexto, durante o século XIX, incentivar as meninas a escrever um diário íntimo era parte do sistema disciplinar para as tornar boas esposas, boas cristãs e boas mães, em determinados contextos socioculturais e económicos (Lejeune, 1993), configurando uma prática usada para colaborar na própria disciplina. Dessa forma, o diário íntimo ajudaria no processo de interiorização das competências que constituíam o papel social da mulher, configurando-se, no entender de Claire Kramsch (1998), no seguimento de Norman Fairclough (1992), como um modelo de poder exteriorizado pelo discurso.

O diário *íntimo* na sala de aula

Observado o seu caráter relacional, o diário íntimo permite uma abordagem interdisciplinar, princípio que vai de encontro a diversas correntes pedagógicas contemporâneas[36]. Este género diarístico consubstancia-se, então, como uma prática sociocultural de constituição de uma identidade estável para si (Psicologia); faz amplo uso de experiências com diversas linguagens (Sehulster, 2001); expressa-se de uma forma particular como um indivíduo contextualizado numa determinada configuração social (Sociologia); relaciona-se com as questões da sua época e/ou tempo (História) (Medeiros, 2002); num determinado espaço (Geografia); lida com os valores, crenças e utopias (Religião); potencia a tomada de consciência do seu corpo (Atividade Física); como reflete sobre a aprendizagem (Pedagogia) (Vonèche, 2001).

Referências

Anderson, L. (2001). *Autobiography*. London and New York: Routledge.

Arnett, R. C., Arneson, P. & Holba, A. (2008). Bridges Not Walls: The Communicative Enactment of Dialogic Storytelling. *Review of Communication*, 8(3), 217-234.

Barthes, R. (1995). *Fragmentos de um Discurso Amoroso*. Lisboa: Edições 70.

Barthes, R. (2001). *O Prazer do Texto*. Lisboa: Edições 70.

Bruner, J. (2001). Self-Making and World-Making. In J. Brockmeier & D. Carbaugh (Eds.), *Narrative and Identity. Studies in Autobiography, Self and Culture* (pp. 25-37). Amsterdam and Philadelphia: John Benjamins Publishing Company.

---

[36] Vejam-se, a este propósito, os estudos de Archie E. Hill (2014), na mesma linha de Jennifer Monaghan & Douglas K. Hartman (2002), Mary S. Love (2004), Cynthia Lewis & Bettina Fabos (2005), Lalitha M. Vasudevan (2006) ou Íris Pereira (2009), que encaram os textos como instrumentos fomentadores de uma literacia crítica, isto é, mais do que documentos que servem para transmitir conhecimento ou entreter os leitores.

Bruner, J. (2001). Self-Making and World-Making. In J. Brockmeier & D. Carbaugh (Eds.), *Narrative and Identity. Studies in Autobiography, Self and Culture* (pp. 25-37). Amsterdam and Philadelphia: John Benjamins Publishing Company.

Cocks, N. (2004). The Implied Reader. Response and Responsibility: Theories of the Implied Reader in Children`s Literature Criticism. In K. Lesnik-Oberstein (Ed.), *Children's Literature: New Approaches* (pp. 93-117). New York: Palgrave Macmillan.

Coelho, E. P. (1987). *Os Universos da Crítica*. Lisboa: Edições 70.

Culler, J. (1997). *Literary Theory. A Very Short Introduction*. Oxford: Oxford University Press.

Delieuvin, M.-C. (2003). *Marc-Antoine Jullien, de Paris, 1775-1848. Théoriser et Organiser L'Éducation*. Paris: L`Harmatan.

Fairclough, N. (1992). *Language and Power*. London and New York: Longman.

Feldman, C. F. (2001). Narratives of National Identity as a Group Narratives: Patterns of Interpretive Cognition. In J. Brockmeier & D. Carbaugh (Eds.), *Narrative and Identity. Studies in Autobiography, Self and Culture* (pp. 129-144). Amsterdam and Philadelphia: John Benjamins Publishing Company.

Freeman, M. & Brockmeier, J. (2001). Narrative Integrity: Autobiographical Identity and the Meaning of the *Good Life*. In J. Brockmeier & D. Carbaugh (Eds.), *Narrative and Identity. Studies in Autobiography, Self and Culture* (pp. 75-99). Amsterdam and Philadelphia: John Benjamins Publishing Company.

Freeman, M. & Brockmeier, J. (2001). Narrative Integrity: Autobiographical Identity and the Meaning of the *Good Life*. In J. Brockmeier & D. Carbaugh (Eds.), *Narrative and*

Identity. Studies in Autobiography, Self and Culture (pp. 75-99). Amsterdam and Philadelphia: John Benjamins Publishing Company.

Girard, A. (1986). *Le Journal Intime*. Paris: Presses Universitaires de France.

Gusdorf, G. (1991a). *Lignes de Vie I. Les Écritures du Moi*. Paris: Odile Jacob.

Gusdorf, G. (1991b). *Lignes de Vie II. L'Auto-bio-graphie*. Paris: Odile Jacob.

Hanenberg, P. (2002). *Caderno de um Viajante* de *Aquilino Ribeiro*. In M. F. Brauer-Figueiredo & K. Hopfe (Eds.), *Metamorfoses do Eu: o Diário e Outros Géneros Autobiográficos na Literatura Portuguesa do Século XX (Atas da secção 8 do IV Congresso da Associação Alemã de Lusitanistas)* (pp. 84-93). Frankfurt: Teo Ferrer de Mesquita.

Hanenberg, P. (2002). *Caderno de um Viajante* de *Aquilino Ribeiro*. In M. F. Brauer-Figueiredo & K. Hopfe (Eds.), *Metamorfoses do Eu: o Diário e Outros Géneros Autobiográficos na Literatura Portuguesa do Século XX (Atas da secção 8 do IV Congresso da Associação Alemã de Lusitanistas)* (pp. 84-93). Frankfurt: Teo Ferrer de Mesquita.

Harré, R. (2001). Metaphysics and Narrative: Singularities and Multiplicities of Sef. In J. Brockmeier & D. Carbaugh (Eds.), *Narrative and Identity. Studies in Autobiography, Self and Culture* (pp. 59-73). Amsterdam and Philadelphia: John Benjamins Publishing Company.

Hauser, A. (2003). *História Social da Arte e da Literatura*. S. Paulo: Martins Fontes.

Hill, A. E. (2014). Using Interdisciplinary, Project-Based, Multimodal Activities to Facilitate Literacy Across the Content Areas. *Journal of Adolescent & Adult Literacy*, 57(6), 450-460.

Hubier, S. (2003). *Littératures Intimes: Les Expressions du Moi, de L'Autobiographie à L'Autofiction*. Paris: Armand Colin.

Illiade, K. (2006). *Marc-Antoine Jullien. Essai sur L`Emploi du Temp, 1808*. Paris: Economica-Anthropos.

Iser, W. (1978). *The Act of Reading: A Theory of Aesthetic Response*. Baltimore: Johns Hopkins UP.

Jauss, H. R. (1982). *Toward Anaesthetic of Reception*. Minneapolis: University of Minnesota Press.

Kramsch, C. (1998). *Language and Culture*. Oxford: Oxford University Press.

Kristeva, J. (1969). Σημειωτικη□□*Recherches Pour une Sémanalyse*. Paris: Seuil.

Lazú, J. (2004). National Identity. Where The Wild, Strange and Exotic Things Are: In Search of the Caribbean in Contemporary Children's Literature. In K. Lesnik-Oberstein (Ed.), *Children's Literature: New Approaches* (pp. 189-205). New York: Palgrave Macmillan.

Lejeune, P. (1975). *Le Pacte Autobiographique*. Paris: Editions du Seuil.

Lejeune, P. (1989). *Cher cahier... Témoignages sur le Journal Personnel*. Paris: Gallimard.

Lejeune, P. (1993). *Le Moi des Demoiselles*. Paris: Éditions du Seuil.

Lejeune, P. (2005). *Signes de Vie. Le Pacte Autobiographique 2*. Paris: Éditions du Seuil.

Lejeune, P. & Bogaert, C. (2006). *Le Journal Intime: Histoire et Anthologie*. Paris: Textuel.

Lewis, C. & Fabos, B. (2005). Instant Messaging, Literacies, and Social Identities. *Reading Research Quarterly*, 40(4), 470-501.

Love, M. S. (2004). Multimodality of Learning Through Anchored Instruction. *Journal of Adolescent & Adult Literacy*, 48(4), 300-310.

Manguel, A. (1999). *Uma História da Leitura*. Lisboa: Editorial Presença.

Matos, M. V. (2001). *Introdução aos Estudos Literários*. Lisboa – S. Paulo: Editorial Verbo.

Medeiros, P. (2002). Diários de Guerra. In M. F. Brauer-Figueiredo & K. Hopfe (Eds.), *Metamorfoses do Eu: o Diário e Outros Géneros Autobiográficos na Literatura Portuguesa do Século XX (Atas da secção 8 do IV Congresso da Associação Alemã de Lusitanistas)* (pp. 95-118). Frankfurt: Teo Ferrer de Mesquita.

Mendes, J. M. (2001). *Porquê Tantas Histórias. O Lugar do Ficcional na Aventura Humana*. Coimbra: MinervaCoimbra.

Monaghan, E. J. & Hartman, D. K. (2002). Undertaking Historical Research In Literacy. In M. L. Kamil, P. B. Mosenthal, P. D. Pearson & R. Barr (Eds.), *Methods of Literacy Research. The Methodology Chapters From The Handbook of Reading Research. (Vol. III)* (pp. 33-45). New Jersey: Lawrence Erlbaum Associates, Publishers.

Neumann, M. (2002). Estratégias de um diário ficcional: Augusto Abelaira, *Bolor*. In M. F. Brauer-Figueiredo & K. Hopfe (Eds.), *Metamorfoses do Eu: o Diário e Outros Géneros Autobiográficos na Literatura Portuguesa do Século XX (Atas da secção 8 do IV Congresso da Associação Alemã de Lusitanistas)* (pp. 139-157). Frankfurt am Main: Teo Ferrer de Mesquita.

Pascal, R. (1960). *Design and Truth in Autobiography*. Cambridge: MA Harvard University Press.

Paschen, H. (2002). *Os Dias são Eu* – a Forma Diarística na Narrativa Breve de Mário de Sá-Carneiro. In M. F. Brauer-Figueiredo & K. Hopfe (Eds.), *Metamorfoses do Eu: o Diário e Outros Géneros Autobiográficos na Literatura Portuguesa do Século XX (Atas da secção 8 do IV*

Congresso da Associação Alemã de Lusitanistas) (pp. 119-130). Frankfurt: Teo Ferrer de Mesquita.

Pereira, I. S. P. (2009). Literacia Crítica: Concepções Teóricas e Práticas Pedagógicas nos Níveis Iniciais de Escolaridade. In F. Azevedo & M. G. Sardinha (Coords.), *Modelos e Práticas em Literacia* (pp. 17-34). Lisboa: Lidel.

Reis, C. (2001). *O Conhecimento da Literatura. Introdução aos Estudos Literários.* Coimbra: Livraria Almedina.

Reis, C. & Lopes, A. C. M. (2002). *Dicionário de Narratologia.* Coimbra: Livraria Almedina.

Rodrigues, A. D. (2011). *O Paradigma Comunicacional: História e Teorias.* Lisboa: Fundação Calouste Gulbenkian.

Rowsell, J. & Pahl, K. (2007). Sedimented Identities in Texts: Instances of Practice. *Reading Research Quarterly*, 42(3), 388-404.

Schmid, W. (2009). Implied Author. In P. Hühn, J. Pier, W. Schmid & J. Schönert (Eds.), *Handbook of Narratology* (pp. 161-173). Walter de Gruyter: Berlin – New York.

Schmidt, S. J. (1987). La Comunicación Literaria. In J. Antonio Mayoral, J. *Pragmática de la Comunicación Literaria* (pp. 195-212). Madrid: Arco/Libros.

Sehulster, J. R. (2001). Richard Wagner`s Creative Vision at La Spezia: or the Retrospective Interpretation of Experience in Autobiographical Memory as a Function of an Emerging Identity. In J. Brockmeier & D. Carbaugh (Eds.). *Narrative and Identity. Studies in Autobiography, Self and Culture* (pp. 188-217). Amsterdam and Philadelphia: John Benjamins Publishing Company.

Silva, V. M. A. (2002). *Teoria da Literatura.* Coimbra: Almedina.

Stalloni, Y. (2010). *Os géneros Literários: Narrativa, Teatro, Poesia.* Lisboa: Publicações Europa-América.

Teixeira, C. M. (2011). O Diário Juvenil: Identidade(s) e Globalização. In F. Azevedo, A. Mesquita, A. Balça & S.

R. Silva (Coord.), *Globalização na Literatura Infantil: Vozes, Rostos e Imagens* (pp. 251-276). Raleigh, N.C.: Lulu.

Trites, R. S. (2000). *Disturbing the Universe. Power and Repression in the Adolescent Literature*. Iowa City: University of Iowa Press.

Van DIJK, T. A. (2005). *Discurso, Notícia e Ideologia. Estudos na Análise Crítica do Discurso*. Porto: Campo das Letras.

Van DIJK, T. A. (2009). *Society and Discourse. How Social Contexts Influence Text and Talk*. New York: Cambridge University Press.

Vasudevan, L. M. (2006). Looking for Angels: Knowing Adolescents by Engaging with their Multimodal Literacy Practices. *Journal of Adolescent & Adult Literacy*, 50(4), 252-256.

Vieira, I. E. (2002). Sobre *O Diário do Último Ano,* de Florbela Espanca. In M. F. Brauer-Figueiredo & K. Hopfe (Eds.), *Metamorfoses do Eu: o Diário e Outros Géneros Autobiográficos na Literatura Portuguesa do Século XX (Atas da secção 8 do IV Congresso da Associação Alemã de Lusitanistas)* (pp. 131-137). Frankfurt: Teo Ferrer de Mesquita.

Vonèche, J. (2001). Identity and Narrative in Piaget's Autobiographies. In J. Brockmeier & D. Carbaugh (Eds.), *Narrative and Identity. Studies in Autobiography, Self and Culture* (pp. 219-245). Amsterdam and Philadelphia: John Benjamins Publishing Company.

Wilson, A. L. (2009). Learning to Read: Discourse Analysis and the Study and Practice of Adult Education. *Studies in Continuing Education*, 31(1), 1-12.

CAPÍTULO 7

Quem nos governa? A política na literatura para a infância [37]

Ângela Balça
Paulo Costa
Universidade de Évora

Introdução: algumas reflexões sobre a relação entre política e literatura para a infância

As questões políticas são e estão omnipresentes na nossa sociedade e as crianças não são alheias a elas. Quer seja através de conversas, quer seja pelos meios de comunicação social, as crianças tomam contacto com a realidade política dos seus países e do mundo. Muitos projetos educativos assumem-se como alicerçados em valores como a democracia, a cidadania, a liberdade de expressão, procurando formar e educar as crianças para realidades onde cada vez mais é imperativo resistir e lutar contra tentações autoritárias, totalitárias, pouco respeitadoras dos Direitos do Homem.

A atualidade tem sido marcada por várias reflexões de intelectuais e filósofos que se questionam sobre o rumo da política

---

[37] Balça, A. & Costa, P. (2015). Quem nos governa? A política na literatura para a infância. In F. Azevedo (Coord.), *Literatura para Crianças e Jovens. Da memória ao leitor* (pp. 187-202). Braga: Centro de Investigação em Estudos da Criança / Instituto de Educação. ISBN: 978-972-8952-38-9

e dos políticos, num mundo marcado pelo ódio e pelo enorme desafio da aceitação do Outro. Numa conversa entre António Lobo Antunes e George Steiner, publicada em 2011 na revista *Ler. Livros & Leitores*, este último afirmava – "Os nossos melhores alunos não vão para a política. A política tornou-se o refúgio dos medíocres." (p. 47). É ainda nesta conversa que George Steiner confidencia – "Parece-me que, hoje, o nosso maior crime é o de não deixarmos muita esperança aos jovens. Que lhes deixamos neste momento como visão, como perspectiva de futuro?" (p. 46).

A reflexão sobre a relevância de se aproximar da política aqueles que, pela sua idade, não acedem ainda diretamente, à participação democrática não deixa, num entendimento abrangente desta problemática, de radicar na necessidade de aproximação a dicotomias como bem e mal, verdade e mentira, justiça e injustiça, utopia e distopia. Será, em grande medida, a aproximação aos valores, a preocupação com as coordenadas que permitirão a navegação nesse mar exigente da grande aventura axiológica que a vida, nomeadamente a vida em sociedade, é. Considerando a neutralidade axiológica do discurso como uma falácia ou uma impossibilidade (Patrício, 1996), e considerando que o "currículo nunca é apenas um conjunto neutro de conhecimentos [mas] produto das tensões, conflitos e compromissos culturais, políticos e económicos que organizam e desorganizam um povo" (Apple, 1999: 51), importará que possam os mais novos, jovens em idade escolar, compreender a natureza e o âmbito da ação política, da forma como a política emerge e funciona, seja nos seus princípios, seja nas suas implicações, na diacronia ou na contemporaneidade. O caráter absoluto do valor, a (im) possibilidade da sua relativização, é igualmente uma questão que, desde a Antiguidade, é discutida. Em *A República*, ao refletir-se sobre o apreço devido à verdade, conclui-se que "se a alguém compete mentir, é aos chefes da cidade, por causa dos inimigos ou dos cidadãos, para benefício da cidade; todas as restantes pessoas não devem provar deste recurso." (Platão, 1987: 108). Perante o valor absoluto do que é

188

verdadeiro, aos chefes, aos que governam, aos políticos pode ser reservado um entendimento da verdade, relativizado à luz do bem comum, do interesse dos cidadãos. Na anteriormente mencionada conversa entre George Steiner e António Lobo Antunes, a abordagem da justiça na política e o questionamento sobre a possibilidade de se vir a caminhar no sentido de tornar a política mais justa leva Steiner a afirmar que "Para isso, ninguém, nem Platão, tem resposta." (p. 40)

A política, o campo da política, tal como Brand (2014) o descreve, poderia ser delimitado como o cenário no qual se afrontam indivíduos e grupos na competição pelo exercício do poder, materializado no controle do Estado, de coletividades cuja abrangência pode ir do local ao internacional. A recusa ou a incapacidade de efetuar juízos de valor sobre as questões de natureza política e, num plano mais abrangente, o facto de alguém não se reconhecer numa leitura politizada da sociedade, nem nas implicações de tal leitura, conduziriam ao apoliticismo (Nay, 2014). Entre a análise do politólogo, o caráter científico da sua leitura, e a atitude apolítica, nesse intervalo flutua a responsabilidade do cidadão comum.

Parece-nos legítimo que, perante a pertinência de possibilitar aos mais novos o acesso a esta dimensão da vida social, se possa fazê-lo mediante o contacto com textos que assumiríamos como literários ou na esfera do literário: "Few areas more clearly demonstrate the heuristic efficacy of relational thinking than that of art and literature." (Bourdieu, 1993: 29) Numa era dominada pela globalização e pelos múltiplos discursos de conformação sobre a globalização, é importante considerar que "transformations in literacy practices can serve as markers for the specificities and differences that occur in different contexts undergoing the multiple (not singular) effects of globalizing processes and dynamics." (Collins & Apple, 2010: 26). No contexto atual, como em outros momentos da História, não podemos contornar uma crescente tensão entre o global e o local, entre a securizante realidade conhecida e a assustadora realidade desconhecida, entre a integração e a exclusão. Uma das faces visíveis destas tensões será a emergência de nacionalismos e de outras manifestações que a ignorância e ausência de espírito crítico tenderão a potenciar. Julgamos assim relevante, especialmente porque estes jovens estão em idade escolar, que a educação e, de modo particular, a escola sejam concebidas como lugar de formação integral de cidadãos preparados para participar na construção de um projeto social axiologicamente suportado. Neste âmbito, é importante também considerarmos que

> In all modern societies the school is a crucial device for writing and rewriting national consciousness, and national consciousness is constructed out of myths of origin, achievements and destiny. [...] Essentially national consciousness transforms a common biology into a cultural specific in such a way that the specific cultural consciousness comes to have a force of a unique biology. [...] There are ranges of school practices, rituals, celebrations and emblems which work to this effect [...]. (Bernstein, 2000: xxiii)

A literatura para a infância em Portugal tem um conjunto de autores que desde sempre se preocuparam com a aproximação dos valores políticos aos mais novos. A título de mero exemplo citamos José Jorge Letria, Luísa Ducla Soares ou António Torrado. Nas suas obras, através do humor, da ironia, da crítica e mesmo do *nonsense*, estes autores deixaram sempre para os jovens o apelo aos valores democráticos e a condenação de práticas despóticas. O caso particular da obra, datada de 2009, *O meu livro de política*, da autoria do Jorge Sampaio, Presidente da República Portuguesa entre 1996 e 2006, com ilustrações de Tiago Albuquerque, é particularmente significativo, uma vez que o autor do texto procura, na 'Apresentação', inscrever a obra na esfera da literatura de potencial receção infantil e juvenil. Fá-lo expressamente, ao afirmar que, por um lado, a consecução deste projeto obrigou ao exercício de escrever para uma faixa etária assumida como pouco familiar para o autor; por outro lado, assume-se o equilíbrio entre um cunho autobiográfico "mas mantendo a liberdade que a ficção proporciona." (Sampaio & Albuquerque, 2009: 6) É notório, nesta obra, o recurso a um dos critérios mais comummente aceites no plano da legitimação de um texto como literário, a dicotomia factual/ficcional, o franquear da fronteira da realidade, acedendo ao plano da ficção. Assim, reitera-se de forma inequívoca a intenção de escrever "um pequeno «conto falado» sobre a política, declinado no modo autobiográfico, num estilo coloquial, destinado a jovens dos 8 aos 14 anos." (p. 6) Ainda que se possa entender que a construção deste tipo de texto parte sempre de uma insistência sobre uma dimensão de instrumentalização do texto literário, neste caso é assumida, de forma explícita, a intenção de voltar a despertar o interesse dos destinatários da obra – que são também os pais – pela política, pela coisa pública, pela participação, um propósito de 'pedagogia democrática':

> Porque o fiz? Por dever cívico. Porque quis partilhar com os mais novos uma experiência de vida – a minha – toda dedicada à causa pública; porque lhes quis transmitir uma convicção – a de que a política vale a pena; e, por último, porque os quis despertar para a cidadania, que é onde tudo começa (p.6).

Não há qualquer dúvida de que se pretende chamar a esta causa todos, de todas as idades, aumentando a participação, mesmo quando está, como refere José Saramago (2004), nas palavras inaugurais de *Ensaio sobre a Lucidez*, "Mau tempo para votar". (p.11)

A obra de Jorge Sampaio transporta-nos para a essência da literatura para a infância, uma matriz literária que pode apresentar às crianças diversos mundos possíveis, onde se pode questionar determinadas práticas e certos valores, mas também mostrar caminhos exequíveis e alternativos na construção de uma sociedade mais justa, mais solidária, mais responsável, mais participada pelos cidadãos, pois como afirma Peter Hollindale (1988: 23) "a large part of any books is written not by it's author, but by the world it's author lives in.".

Tal como refere Azevedo (2011: 96), os textos de literatura para a infância,

> interrogando práticas, propondo vias alternativas e estabelecendo, por vezes, um dissido com determinadas situações do mundo empírico e histórico-factual, mostram-se também como potencialmente emancipadores, na acepção em que estimulam a reflexão crítica para as realidades que denunciam no seu conformismo. Nesta forma de acção, eles concretizam explicitamente um determinado potencial perlocutório."

A política na literatura para a infância: dois casos exemplares

Neste breve estudo procuramos centrar-nos em dois de textos de literatura para a infância que apresentam aos seus potenciais leitores aspetos que nos remetem para as questões políticas. Estes aspetos estão plasmados na ação mas também podem ser pressentidos ao nível das personagens, do espaço ou de tempo.

Os textos abordados neste estudo são "História do Reino Pintalgado", inserido na coletânea assinada por António Torrado e Maria Alberta Menéres sobre os desenhos de Amadeo de Souza-Cardoso; e *A ilha*, de João Gomes Abreu e Yara Kono. A nossa escolha recaiu sobre estes textos uma vez que eles vão permitir-nos perceber a constância da temática dos valores políticos, ao longo do tempo, na literatura para a infância. De facto, encontramo-nos perante obras que distam temporalmente mais de um quarto de século; os seus autores pertencem a gerações completamente diferentes que por isso mesmo vivenciaram distintos episódios da história de Portugal; e, em termos de produção literária, estamos perante autores consagrados e um autor que publicou o seu primeiro livro. Porém, apesar destes fatores, notamos a persistência e a perenidade da preocupação de aproximar às crianças e aos jovens as questões de carácter político.

A obra *Histórias em Ponto de Contar*, na qual se insere a narrativa "História do Reino Pintalgado" foi publicada pela primeira vez em 1984, pela Editorial Comunicação. António Torrado e Maria Alberta Menéres eram já à época escritores reconhecidos de literatura para a infância, reconhecimento esse visível não só pelo conjunto da obra publicada como também pelos prémios recebidos.

António Torrado tinha começado a publicar a sua obra para crianças ainda antes da Revolução de 25 de abril de 1974, tocando já na época as questões políticas, mesmo vigorando o regime de censura. Obra emblemática desse período é *O veado florido* editado pela primeira vez em 1972, pela Editorial O Século, com magníficas ilustrações, ainda que inacabadas, de Leonor Praça. António Torrado tinha recebido em 1980 o "Prémio de Livros para Crianças da Fundação Calouste Gulbenkian", com a sua obra *Como se faz cor de laranja*.

Maria Alberta Menéres tinha começado a publicar para crianças também já muito antes da Revolução de 25 de abril de 1974, destacando-se as obras *Figuras, Figuronas* (1969) ou *Ulisses* (1970). A autora tinha sido galardoada com o "Prémio O Ambiente na Literatura Infantil", em 1983, com a obra, assinada em conjunto com Carlos Correia, *O sétimo descarrilamento*.

Na coletânea *Histórias em Ponto de Contar*, os dois autores

> sugestionados pelos desenhos de um jovem pintor (Souza-Cardozo teria pouco mais de 20 anos quando executou os desenhos do álbum *XX Dessins…*), decidiram inspirar-se nas histórias subentendidas, que os desenhos anunciam, e pô-las em papel, ao lado dos motivos plásticos desencadeadores da aventura. (pp. 5-6).

Amadeo de Souza-Cardoso (1887-1918) foi um dos maiores pintores portugueses do início do século XX. Na obra *Histórias em Ponto de Contar* estão presentes 20 gravuras, incluídas no álbum *XX Dessins par Amadeo de Souza-Cardoso*, publicado em Paris, em 1912, do qual o Centro de Arte Moderna da Fundação Calouste Gulbenkian, em 1983, fez uma edição especial.

Para o estudo em apreço socorremo-nos da 2.ª edição da coletânea *Histórias em Ponto de Contar*, publicada em 2009, pela Editora Assírio & Alvim.

A obra *A ilha*, publicada no ano de 2012, assinada por João Gomes de Abreu e ilustrada por Yara Kono, recebeu uma Menção Honrosa na Feira do Livro Infantil de Bolonha de 2013. Esta obra foi editada pela Planeta Tangerina, uma editora portuguesa que na referida feira ganhou o prémio de melhor editora da Europa na área da literatura para a infância e a juventude. *A ilha* é a primeira obra de João Gomes de Abreu e nela somos tentados a ver o percurso de determinados territórios portugueses da atualidade, se levarmos em linha de conta aspetos biográficos do autor. Yara Kono é uma premiada ilustradora brasileira que integra a Editora Planeta Tangerina desde 2004.

Histórias em Ponto de Contar é uma obra rica em paratextos de carácter informativo e explicativo. Os paratextos que consideramos explicativos (texto da contracapa que se configura como um excerto de um texto mais longo, colocado no início da obra e intitulado "À maneira de apresentação") procuram levar os jovens leitores a entender as numerosas abordagens interpretativas consentidas pelos soberbos desenhos de Amadeo de Souza-Cardoso. Neste sentido, António Torrado e Maria Alberta Menéres são considerados como mais uns desses leitores, com as suas hipóteses interpretativas sobre os desenhos de Amadeo, afinal o cerne desta obra,

O que escreveram não pretende legendar os desenhos ou copiá-los para outro registo de comunicação. Cada gravura deste singular conjunto, antes de qualquer abordagem interpretativa, é como que uma cortina que abre para uma ou várias narrativas. À instabilidade da imaginação a responsabilidade pelo desvelar das hipóteses e pelas opções tomadas, múltiplas sempre, embora, neste caso, sequenciadas, por forma a poderem corresponder a vários níveis de leitura ou de leitores. (p. 6)

Os contos inseridos em *Histórias em Ponto de Contar* configuram-se eles próprios também como sendo objetos que permitem diversos níveis de leitura e/ou de leitores, dada a suposta dificuldade em visualizar os potenciais recetores da obra,

No entanto, o livro que criaram, na estimulante companhia dos desenhos de Amadeo, hesita sobre a faixa de leitores a que se destina. Tanto será para crianças, como não, mas sobretudo será para aquele espaço de intercepção onde crianças e adultos cúmplices, partilham do mesmo contar. (p.6-7)

E, deste modo, entramos na estrutura da obra, complexa, com dois níveis distintos, assinalados graficamente. Num nível, surge-nos, com letra em itálico, uma *voz off*, composta pelo diálogo entre mãe e filha, que "Anunciam uma plataforma serena de convívio adulto/criança, um patamar de entendimento que livros como este procuram preencher." (p. 7), que nos guia na leitura desta obra. Num outro nível estão as narrativas que compõem este livro.

Neste estudo, pretendemos centrar-nos então numa destas narrativas, "História do Reino Pintalgado". Graficamente, esta narrativa alterna com vários desenhos de Amadeo. Junto de cada desenho encontra-se um número e uma frase da narrativa que funciona como uma legenda para o desenho; este número encontra-se também junto da respetiva frase no próprio corpo do conto.

"História do Reino Pintalgado" encerra uma belíssima metáfora do mundo em que vivemos, marcado por grandes contradições e governado, demasiadas vezes, de forma errante e pouco perspetivada, pelos políticos atuais. Nesta história surge-nos, de modo dualista, um tempo passado, onde o mundo era todo liso "Para cada coisa, sua cor, sem as manchas, sem as malhas das cores misturadas."(p. 15) e um tempo presente, onde "o mundo ia ficando todo como o nosso bordado: com pontos e pontinhos, pintas e pintinhas, manchas e manchinhas...- tão diferente do mundo liso do princípio desta história."(p.27).

Interessante esta dicotomia entre o mundo liso e o mundo das cores misturadas, numa alusão, parece-nos, às questões político-multiculturais, nada pacíficas e sempre a exigirem, desde as idades mais precoces, um trabalho de aproximação e de apropriação, proporcionado pela literatura para a infância. Quando as pintas e as manchas se começaram a espalhar pelo reino, o rei "mandou construir uma enorme muralha à roda de todo o país", "impediu os súbditos de viajarem para diferentes terras" e proibiu os estrangeiros de circularem no reino" (p. 21). Estas reais decisões foram de imediato aprovadas e aplaudidas pelos outros monarcas, que "não queriam contágios".

Ora as questões políticas evidenciam-se em toda a narrativa, não só por este fechamento dos reinos uns aos outros "Fechado por dentro e por fora, o reino sarapintado lá ia vivendo sarapintadamente." (p. 21), mas também pelas atitudes despóticas dos monarcas protagonistas. Reinando sobre um mundo liso, primeiro o rei e depois a rainha descobrem e enfeitam-se com salpicos de tinta. Rapidamente, a rainha começou a permitir que alguns animais e pessoas fossem dignos de ficar pintalgados e outros não, sendo os sarapintados "os seus favoritos", os "encantos da rainha", ficando o reino "dividido entre os já sarapintados e os que também queriam ser sarapintados." (p. 19).

Porém, como em todos os regimes autoritários, aqueles que anseiam pela liberdade e pela igualdade acabam sempre por encontrar uma forma de fazer ouvir a sua voz. E neste reino, "a arca não foi bem resguardada", permitindo que "um pajem do

196

rei" ou "um valido da rainha" fossem "surripiando mãos-cheias muito cheias de pintinhas", ficando "o reino pintalgado de pessoas sardentas e bichinhos pintalgados" (p. 19). Na verdade, os privilegiados foram progressivamente perdendo essas benesses, por ação encoberta daqueles que sentiam ter e queriam usufruir de direitos iguais.

Todavia, as atitudes prepotentes do rei permanecem, ao fechar o reino ao mundo exterior. De novo, a resistência ao totalitarismo se faz sentir através de animais e pessoas que passam clandestinamente a muralha, tornando de forma progressiva todo o mundo num mundo pintalgado. Surpreendente, ou quem sabe não tanto, é a atitude errante dos monarcas que "disfarçados e não obedecendo às suas próprias ordens" (p. 23), acabam também eles próprios por passar furtivamente o cerco das muralhas.

Esta magnífica história encerra e ilumina, deste modo, as contradições, decisões erráticas, falta de perspetiva que caracteriza, demasiadas vezes, o mundo político, numa denúncia marcada pela voz daqueles que não abdicam dos valores democráticos.

A obra *A ilha* é um álbum narrativo, profusamente ilustrado, de capa dura que se apresenta como um díptico, onde marca presença um enorme barco, elemento desencadeador da intriga. De geometrias simples e cores quentes, predominam nas ilustrações os castanhos e os vermelhos, símbolos da terra e da vida que, como veremos, apesar dos vários desmandos, acabarão por prevalecer. A ilha é iluminada nas ilustrações com pormenor – nela podemos descortinar a cidade, com as suas casas e as suas gentes; a montanha e a floresta com as suas árvores; a praia e o cais onde múltiplos barcos prenunciam uma intensa atividade e onde "um dia" aporta "um grande barco".

Na contracapa desta obra surge uma sinopse da mesma que convida os leitores mais novos a entrar dentro desta história, uma vez que o texto da sinopse revela algum *suspense*, potenciado no fim com uma interrogação retórica "O que sobrará no fim?", tendo em vista que, para se construir a ponte, "(...) será preciso toda a pedra das montanhas, toda a madeira das florestas, toda a areia das praias..."(Contracapa). Este *suspense* fomentará certamente o levantamento de múltiplas hipóteses interpretativas por parte das crianças.

A ilha é uma magnífica metáfora dos tempos atuais, oferecendo-nos uma visão sobre os políticos e seus acólitos e sobre o povo, que estes supostamente governam. Esta obra encerra um grito de alerta sobre o supérfluo, sobre as decisões tomadas sem uma reflexão devida e aprofundada, sobre um povo ignorante, amorfo, que não pensa, não questiona e segue acriticamente as deliberações da elite dirigente.

A história passa-se numa ilha, numa "ilha normal", onde certo dia aporta um barco vindo do continente, com habitantes do continente, os "continentais". Ilhéus e continentais diferem apenas na aparência - "Os continentais eram parecidos com os ilhéus, mas ligeiramente diferentes. As roupas não eram bem iguais, os penteados não eram bem iguais e a maneira de falar não era bem igual.". Ao longo deste conto vamos constatar como o reino da aparência se sobrepõe ao reino da essência, e como o reino da aparência vai acabar por condicionar e alterar a vida dos habitantes da ilha, "os ilhéus".

Após a visita dos continentais, os ilhéus ficaram deslumbrados e, dado que "ser continental é que era bom", passaram a ter um único desejo – "serem também eles continentais". Este forte desejo e convicção foram comunicados ao ministro, começando assim uma deriva, quase suicida, na perseguição deste desiderato.

Num tom gradativo e ascendente, a narrativa mostra-nos como os ilhéus começam a construir a ponte, que os ligará ao continente, destruindo em simultâneo a sua própria ilha. Este caminho é apoiado por um ministro irresponsável, que não pensa no bem e no futuro do povo que governa, mas apenas na sua

198

própria imagem "Afinal de contas, ficaria para a história como o ministro que fez dos ilhéus continentais." e na forma/data para a inauguração da ponte, "Àquele ritmo, a ponte estaria pronta ainda antes do ano novo, e a inauguração poderia ser feita durante a passagem do ano com um grande fogo de artifício."; este caminho é ainda suportado num engenheiro completamente incompetente, que com decisões precipitadas e pouco fundamentadas vai contribuindo para o desaparecimento da ilha "Pedra atrás de pedra, a nova ponte foi aparecendo e, pedra atrás de pedra, a montanha foi desaparecendo.".

Este conto, insólito e desconcertante, que deixa o leitor em crescente sobressalto, termina de forma perturbadora, porque nele vemos o espelho da realidade atual. Depois de terem destruído a sua ilha e o pontão que ligava a ponte ao continente, aos ilhéus não restou outra solução - "tiveram de ficar a viver na ponte". Quanto ao ministro, nada mais pensou ou fez, a não ser a prometida inauguração da ponte, com pompa e circunstância.

Esta dialética entre a esperança, a promessa de concretização de um determinado projeto de sociedade, e o medo da impossibilidade ou incapacidade para a realizar é, de facto, um processo no qual os mais novos devem participar. Abre-se, com as palavras de Steiner (2002: 4), uma janela de entendimento desta problemática:

> Hope and fear are supreme fictions empowered by syntax. They are as indivisible from each other as they are from grammar. Hope encloses a fear of unfulfilment. Fear has in it a mustard seed of hope, the intimation of overcoming.

Considerações finais

A literatura para a infância encerra, para além de uma função lúdica e de uma função estética, uma função formativa. Através desta matriz literária, os mais novos tomam contacto com o mundo e com as múltiplas leituras desse mundo que esta forma de arte lhes oferece. Deste modo, as questões políticas não ficam arredadas destas circunstâncias. Muito pelo contrário, inúmeros autores e diversos ilustradores têm encontrado nesta matriz literária campo e espaço para, mesmo em tempos adversos como as épocas onde vigoram os regimes de censura, darem voz a valores extremamente caros às sociedades ocidentais – a democracia, a liberdade, a igualdade, a solidariedade. Iludindo os lápis dos censores, várias foram as obras que levaram estes valores aos mais novos, ao longo dos tempos, utilizando metáforas, recorrendo à ironia e ao humor, socorrendo-se do *nonsense*. Esta é uma velha tradição na literatura para a infância portuguesa que vê, ainda em pleno século XXI, reeditadas com fulgor obras escritas antes da Revolução de 25 de abril de 1974 que se debruçam sobre as questões políticas.

Com este breve estudo, pretendemos mostrar como esta temática é uma constante na literatura para a infância em Portugal. Tomámos como caso paradigmático duas obras, escritas em épocas diferentes, de autores de diversas gerações e com percursos de vida decerto bem distintos – por um lado, a dupla António Torrado e Maria Alberta Menéres; por outro João Gomes de Abreu.

O fascínio de escrever textos para a infância, que poderão ou não obedecer a um protocolo literário, e de aproximar aos mais novos as questões políticas é evidenciado naquilo que apelidaríamos de obras improváveis: *O meu livro de política*, assinado pelo antigo Presidente da República Portuguesa, Jorge Sampaio. Pelo caminho ficam outras obras com os mesmos propósitos, as mesmas preocupações, as mesmas necessidades de cidadania, das quais salientamos *A crise explicada às crianças*, de João Miguel Tavares, com ilustrações de Nuno Saraiva, editada pel' A Esfera dos Livros, vinda a lume num dos mais difíceis períodos para a sociedade portuguesa – o ano de 2012, com o país intervencionado por instituições financeiras estrangeiras.

Esta aproximação à política pela via do diálogo com e a partir dos textos, pode constituir-se como um apelo à responsabilidade, à possibilidade do acesso de todos à participação cívica, à humanização das sociedades. Recordando as palavras de Steiner (2002) – "National Socialism, Fascism, Stalinism [...] spring from within the context, the locale, the administrative-social instruments of the high places of civilization, of education, of scientific progress and humanizing deployment"(p.3) –, há um trabalho de consciencialização que nunca podemos considerar como acabado ou cujos resultados possamos considerar como garantidos.

Referências

Abreu, J. G. & Kono, Y. (2012). *A ilha*. Carcavelos: Planeta Tangerina.

Apple, M. (1999). *Políticas Culturais e Educação*. Porto: Porto Editora.

Azevedo, F. (2011). *Poder, Desejo, Utopia. Estudos em Literatura Infantil e Juvenil*. Braga: CIFPEC/Universidade do Minho.

Bernstein, B. (2000). *Pedagogy, Symbolic Control and Identity. Theory, Research, Critique*. Lanham MD: Rowman & Littlefield Publishers.

Bourdieu, P. (1993). *The Field of Cultural Production*. New York: Columbia University Press.

Brand, P. (2014). *La science politique*. 11ème ed. Paris: Presses Universitaires de France.

Collins, R. & Apple, M. (2010). New Literacies and New Rebellions in the Global Age. In M. Apple (Ed.), *Global Crises, Social Justice, and Education* (pp. 25-60). New York, NY: Routledge.

Hollindale, P. (1988). Ideology and the Children's Book, *Signal*, 55, 11-30.

Nay, O. (2014). *Lexique de science politique. Vie et institutions politiques.* 3ème ed. Toulouse: Éditions Dalloz.

Patrício, M. (1996). Formation des enseignants et éducation axiologique. In M. Valente (Ed.), *Teacher Training and Values Education: Selected Papers from the 18th Annual Conference of the Association for Teacher Education in Europe* (pp. 103-120). Lisboa: DEFCUL/ATEE.

Platão (1987). *A República.* 5ª ed. Lisboa: Fundação Calouste Gulbenkian.

Sampaio, J. & Albuquerque, T. (2009). *O meu livro de política.* Alfragide: Texto Editora.

Saramago, J. (2004). *Ensaio sobre a lucidez.* Lisboa: Editorial Caminho.

Steiner, G. (2002). *Grammars of Creation.* Cambridge: Faber and Faber.

Steiner, G. & Antunes, A. L. (2011). O dia do encontro. Cambridge, 09 Outubro. *Ler. Livros & Leitores, 107*(2), 34-52.

Torrado, A. & Menéres, M. A. (2009). História do Reino Pintalgado. In A. Torrado & M. A. Menéres. *Histórias em Ponto de Contar* (pp. 15-27). 2.ª ed. Lisboa: Assírio e Alvim.

Capítulo 8

El teatro infantil y juvenil en español en la escuela y el desarrollo de las competencias lectora y literaria [38]

Moisés Selfa Sastre
Universidade de Lérida (Espanha)

Concepto y características del teatro infantil y juvenil y sus posibilidades de Trabajo en la escuela[39]

El concepto de teatro infantil y juvenil (TIJ en adelante) se refiere, al menos, a dos clases de obras teatrales:
a) las obras dramáticas escritas por niños y por adolescentes en las cuales el autor es quien dota al texto de una trama argumental y sentido literario determinado;

---

[38] Selfa Sastre, M. (2015). El teatro infantil y juvenil en español en la escuela y el desarrollo de las competencias lectora y literaria. In F. Azevedo (Coord.), *Literatura para Crianças e Jovens. Da memória ao leitor* (pp. 203-221). Braga: Centro de Investigação em Estudos da Criança / Instituto de Educação. ISBN: 978-972-8952-38-9.

[39]Para profundizar más en la cuestión del concepto y de las características del teatro infantil y juvenil en el ámbito escolar existen, al menos, dos títulos clásicos de indudable valor pedagógico: Renoult, Vialaret (1998) y Tejerina (1994).

b) los textos escritos para niños y para adolescentes y que, por lo tanto, tienen presente quién es el tipo de lector que los leerá e interpretará.

En este último caso, el significado de los verbos leer e interpretar es tan sutil que normalmente ha sido el autor del texto el que ha determinado qué tipo de público por su edad puede ser el destinatario de una obra de teatro determinada.

Sea cual sea la definición conceptual que se adopte, es evidente que el teatro como género literario propio y autónomo tiene unas enormes posibilidades de trabajo didáctico a la escuela, en general, y a la Educación Primaria (EP en adelante), en particular. El teatro sitúa el estudiante en un doble plano (Reina Ruiz, 1998): el plano del actor y el plano del espectador. Tanto es así que el discente, actor o espectador, recoge el hecho teatral, lo explota para satisfacer sus necesidades de conocimientos y lo interpreta desde su contexto vital propio.

Desde este punto de vista, el TIJ abre al niño y al joven las puertas del conocimiento cultural, sin ningún tipo de barrera, de la sensibilidad estética, de la reflexión, de la capacidad de emocionarse y divertirse, de risa y llorar y de, en definitiva, comprender las diferentes visiones y realidades de la vida y del mundo que lo rodea. El TIJ, además, no sólo está circunscrito al ámbito de la lengua y de la litetarura, sino que la música, la pintura, la danza, el canto y el mimo forman parte de su esencia.

Definido el concepto de TIJ, se puede referirse a las características que tiene que tener el texto teatral para poder ser trabajado con sentido en el ámbito de la educación. Entre estas, podemos destacar las siguientes:

a) la presencia de un estilo conversacional basado en la interacción directa entre los diferentes personajes del texto;

b) la voluntad de usar un lenguaje literario sencillo y asequible a la edad del receptor;

204

c) la aparición de situaciones de acción dinámicas y fáciles de entender;

d) la existencia de un planteamiento de la acción bien delimitado que da lugar a un conflicto y una intriga que se mantienen vivos hasta su resolución.

En la escuela, trabajar con textos teatrales que reúnen estos disparos identificativos se convierte en una actividad de un gran atractivo pedagógico y estético. Escuchar, leer, improvisar o montar un teatro afina los sentidos, despierta la imaginación, estimula las valoraciones estéticas, ayuda a la solidaridad con los otros, adiestra la memoria... Del mismo modo, permite trabajar la lengua de una manera lúdica y beneficiarse de la comprensión del texto y de todas y cada una de las palabras que lo componen ayudándose de los signos de puntuación, del tono e intensidad de la voz, de las pausas, incluso del talante de los personajes.

El teatro infantil y juvenil y las competencias lectora y literaria

Las enormes posibilidades de uso que posee el TIJ en el desarrollo de las habilidades intelectuales y de reflexión que tiene que adquirir un estudiante en la etapa de Educación Primaria, demuestran que su utilidad como recurso educativo en este ciclo de aprendizaje es más que adecuado. Entre estas habilidades ocupa un lugar destacado la lectura y la creación de una sólida competencia lectora en este ciclo de enseñanza.

La competencia lectora consiste, tal como propone la Organización para la Cooperación y el Desarrollo Económico, "en la comprensión y el uso de textos escritos, y en la reflexión personal sobre estos textos con el fin de lograr metas propias, desarrollar el conocimiento y el potencial personal, y participar en la sociedad" (OCDE, 2001).

Por lo tanto, la lectura de textos literarios, como son los teatrales, es una de las claves para progresar en esta competencia.

Y en segundo lugar, aprender a leer con criterio y provecho es un proceso cognitivo que exige una buena implicación personal. La lectura no es simplemente un procedimiento de repetición y reproducción. Es, sobre todo, un aprendizaje que implica un grado alto de comprensión de aquello que se quiere aprender y que se encuentra en un texto.

Para precisar más esta idea nos referiremos a dos a cuestiones básicas:

a) cuando hablamos de lectura, estamos hablando de un proceso vinculado a la descodificación y a la transformación del conocimiento;

b) leer no es una capacidad que se adquiere de una sola vez en un momento determinado de la vida académica de un estudiante. Más bien al contrario, la lectura capacita al discente para interpretar textos cada vez más complejos y de mayor magnitud lingüística y literaria.

Llegados a este punto, podemos preguntarse cómo se va construyendo esta competencia lectora y qué papel tiene el TIJ en la escuela para la formación de esta habilidad lingüística. La competencia lectora se puede empezar a construir bien pronto mediante prácticas teatrales que creen lazos emocionales entre el estudiante y el texto que está leyendo. Si la lectura se refiere a aspectos de la vida cotidiana del niño y del joven y del mundo propio de la edad escolar en la cual se encuentra, más fácilmente tendrá sentido para este. Tanto es así, que esta competencia se irá convirtiendo en más autónoma a lo largo de la escolaridad obligatoria. Y es en este sentido que el TIJ ayuda a representar en la mente del lector estudiande un mundo donde este es el protagonista principal. El TIJ, sin duda, facilita el gozo y el aprecio de un tipo de texto que ofrece la oportunidad de aprender a leer para divertirse y para simbolizar.

Pero a pesar de ser imprescindible el hecho de deleitarse con los textos, hay que establecer unas estrategias de lectura porque esta sea funcional y provechosa. La profesora I. Solé

(Solé, 1992, 2011) propone tres, de estas estrategias que pueden ser perfectamente aplicables al trabajo en el aula con el TIJ:

a) dotar de finalidad personal la lectura y planificar la mejor manera de leer para lograrla;
b) inferir, interpretar, integrar la nueva información con el conocimiento previo y comprobar la comprensión durante la lectura;
c) elaborar la información, recapitularla, integrarla, sintetizarla y eventualmente ampliarla siempre que la lectura del texto lo requiera.

La competencia lectora no es un ente unitario y hermético. Sin esta no se podrá desarrollar un otra competencia, complementaria del anterior, y que la tradición lingüistico-literaria ha denominado como competencia literaria. En palabras de Bierwisch, la competencia literaria es "la capacidad del hombre para producir e interpretar textos literarios" (Dijk, 1972) (Aguiar e Silva, 1980) (Colomer, 1995). Leer es, como vemos, dotar de sentido personal un texto hasta el punto de estimarlo como fuente de aprendizaje personal.

Cuando hablamos de competencia literaria y del TIJ, estamos refiriéndonos a que el discente conozca las características del lenguaje literario teatral. Por eso, podemos decir que el TIJ contribuye eficazmente, en primer lugar, a la mayor comprensión del texto porque el lector lo tiene que entender bien para poder comunicarlo con intención y sentido. En segundo lugar, acrecienta su expresividad oral: dicción, volumen, entonación y distinción de matices. Y, en tercer lugar, enriquece su capacidad de comunicación global puesto que la ayuda a perder el miedo y superar inhibiciones, atreverse a levantar la voz cuando el texto teatral lo precise y a imponerse al auditorio ante sus compañeros de representación. Todo esto hace que el estudiando actor haga un esfuerzo de imaginación para recrear escenas en su mente y, así, caracterizar el/los personaje(s) que esté representando.

Algunas propuestes de teatro infantil y juvenil en castellano para los ciclos de Educació Primaria en España

Llegados a estos punto, podemos preguntarnos qué tipo de obras de TIJ pueden ser trabajadas en una aula de EP. Uno de los criterios que tiene que guiar esta selección es, sin duda, de la calidad literaria. La propuesta de TIJ que proponemos está basada en obras teatrales actuales escritas en español para niños Como veremos, cada obra teatral trabaja la competencia lectora y literaria a partir de unos elementos – por ejemplo, el tipo de diálogo, la acción teatral planteada – que la hace especialmente recomendable para cada una de las edades de aprendizaje.

Obras teatrales para un público de 6 a 8 años

Las dos piezas teatrales que comentaremos son adaptaciones de relatos que muy probablemente ya se han trabajado a la Educación Infantil. Por lo tanto, el estudiante del Ciclo Inicial parte -al menos- de una trama argumental conocida pero que modificará y recreará con dos finales teatrales no conocidos. Los personajes suelen ser animales y, por lo tanto, forman parte de este mundo de la inocencia que el estudiante del Ciclo Inicial irá dejando atrás al abandonar esta etapa educativa.

El león vegetariano de Fernando Almena Santiago

Se trata de una representación teatral para niños de entre 6 y 8 años donde se presenta un hecho relevante en esta edad educativa: la importancia de las relaciones personales a partir de la amistad. Esta amistad se consolida a partir de un diálogo intenso con intervenciones cortas y acotadas en las que el estudiante puede comprender el significado de la conversación entre los personajes y el sentido literario que esta tiene. Los protagonistas son un conjunto de ninos disfrazados de animales que acuden a la corte de un rey, el rey león, que no come carne, sino exclusivamente vegetales. Por eso, los ninos dejarán de tenerle miedo y serán sus amigos para siempre. En la obra aparece, además, el lenguaje musical, elemento importante al Ciclo Inicial para la memorización del texto, ligado a juegos infantiles cómo el corro que hacen los protagonistas al final de la obra.

La bella no durmiente de **Reinaldo Jiménez Morales**

Es una adaptación teatral del conocido cuento de *La bella durmiente* de Andersen. Los personajes son los del cuente tradicional, si bien la princesa no es una princesa cualquiera: ella quiere encontrar a su príncipe azul, pero azul clarito. El lenguaje sencillo que utilizan todos los personajes, muy parecido al que aparece a los cuentos leídos a la Educación Infantil, posibilita a los estudiante de esta etapa escolar trabajar la competencia comunicativa oral mediante interacciones cortas y y de fácil comprensión.

En esta franja de edades, el estudiante tiene que lograr una buena competencia comunicativa asociada a una expresión dramática más intensa en el contenido y extensa en la duración de la obra teatral. En las dos obras teatrales que comentaremos, aparecen un conjunto de personajes que actúan de un modo muy real pero que sus acciones estimulan la imaginación del discente y la interpretación que este hace del hecho teatral.

El atasco de **Fernando Almena Santiago.**

Esta breve obra teatral está representada por dos personajes que viven inmersos en un mundo de progreso tecnológico que avanza a pasos agigantados. Un peatón, de nombre desconocido, necesita cruzar la calle para llegar a su casa ya que necesita urgentemente hacer sus necesidades. El problema es que no puede pasar por el paso de peatones porque los inmuerables coches que pasan por el asfalto de la calle no le ceden el paso. El peatón decide cruar por su cuenta y riesgo la calle con lo que provoca un accidente. Una chica que pasaba por allí le hace ver que el progreso tecnológico, como son los coches, es necesario, pero este debe estar al servicio del hombre y no el hombre al servicio del progreso. Con este final, se puede incidir en uno de los elementos propios de la educación literaria del estudiante de mediana edad escolar: la reflexión como fuente de conocimiento y enriquecimienti personales.

La piedra maravillosa de Fernando Almena Santiago.

Esta pieza teatral gira entorno al poder que una piedra tiene para convertir los buenos deseos de quien se acerque a ella. Dos niños magos, Pistachín y Pistachina, invitan a sus amigos a que vean los poderes de esta piedra. A uno le concede recuperar el gato que ha perdido, a otro que pueda recordar todos sus sueños... Pero un brujo malvado, Chupadedos, les robará la piedra que posteriormente recuperán los amigos de nuestros dos protagonistas. Chupadedos es castigado por haber obrado mal y querer apoderarse de una piedra mágica que solo concede deseos bondadosos. Este tipo de trama teatral, con una fuerte presencia de personajes irreales, permite al estudiante ponerse dentro del texto teatral para interactuar con conceptos e ideas nuevas que lo ayudan a tener una mayor comprensión del hecho teatral. Se trata de un proceso que otorga al discent un sentido de propiedad sobre su aprendizaje.

Obras teatrales para un público de 13 a 15 años

En esta etapa el estudiante tiene que organizar y sintetizar la información, interpretar más cuidadosamente las ideas, crear de nuevas y actuar cooperativamente con otros compañeros de escenario. El hecho teatral implicará diferentes dimensiones del sujeto y un desarrollo de habilidades propias de un estudiante que empieza a ser un adolescente. El teatro, pues, estimulará su imaginación y el pensamiento creativo, fomentará el pensamiento crítico, un uso elevado de procesos cognitivos y múltiples formas de inteligencia. El maestro deja de ser uno de los agentes del hecho teatral y permite que el estudiante se convierta en el director de su personaje.

El cisne negro de **Fernando Almena.**

Esta obra teatral recibió el primer premio «Teatro Guerra» en el II Certamen Literario de Teatro Infantil y Juvenil. Es una pieza en un solo acto para un público de entre 13 y 15 años. Intervienen seis personajes principales en un espacio imaginario dominado por un halo de misterio, irrealidad y fantasia. Xi Shi, el personaje principal, es una mujer convertida en cisne tras perder a su joven querido a manos de los soldados de Fu Chai. Tal es su tristeza que queda convertida un un cisne que pasará el resto de sus vidas en un lago oscuro y solitario. La obra teatral comienza y finaliza con un largo monólogo que muestra el poder de destrucción que tiene una guerra que enfrenta a dos pueblos que quieren someterse mutuamente. La acción teatral está representada por unos personajes complejos que el estudiante tendrá que entender no solo lo que hacen, sino sobre todo lo que piensan y cuáles son las consecuencias de sus actuaciones.

Se trata de una comedia en un solo acto representada por cuatro personajes opuestos por el binomio fantasía (María Fantasía) frente a realidad (Pepe Realidad, Vendedor de periódicos y Director de un periódico). María Fantasía, niña cansada de ver que los periódicos solo están repletos de noticias desastrosas (guerras, muertes y catástrofes) decide cambiar los periódicos impresos con tinta que está vendiendo un quiosquero por otros periódicos pero de papeles blancos y sin noticias. Ante tal situación, el director de un periódico, que acude a un quiosco a adquirir este tipo de noticiero, se siente culpable de contar solo noticias desastrosas y piensa que lo mejor será crear un nuevo periódico pero solo con noticias positivas y agradables. Los estudiantes lectores de esta obra teatral tienen la oportunidad de representar unos personajes que les empiezan a ser cercanos por sus actitudes vitales: una niña incorformista que va a solucionar una situación y tres personajes que solo saben vivir en el mundo de la realidad tan alejado de la fantasía. La competencia comunicativa se trabajará a partir de unos diálogos largos e intensos entre los personajes preocupados para mostrar su punto de vista personal sobre el conflicto expuesto. La imaginación no se deja de lado puesto que la actuación de una niña fantasiosa propicia que no todo sea tan humano como se ha explicado hasta aquí.

La evaluación del proceso teatral desde la óptica de las competencies lectora y literaria

Una vez presentadas las seis obras de TIJ para los tres Ciclos de aprendizaje de EP, convendrá establecer qué criterios de evaluación determinarán la viabilidad de la propuesta pedagógica hecho. Por eso, nos referiremos a un conjunto de indicadores de tipo funcional los cuales nos permitirán evaluar hasta qué punto el estudiante de esta etapa educativa ha adquirido y desarrollado una buena competencia lectora y literaria en el aula de Lengua y Literatura.

Así, podremos decir que un estudiante de EP ha trabajado bien estas dos competencias al enfrentarse al texto teatral cuando, desde un proceso de autoevaluación guiado por el docente, logra las siguientes capacidades lingüístico-literarias, todas ellas evaluables en todos los ciclos de EP, si bien se tienen que tener en cuenta las características propias de cada uno de los tres ciclos educativos de aprendizaje:

212

a) Lectura, comprensión y dramatización de textos teatrales en lengua española.
b) Audición, comprensión y dramatización de estos textos teatrales adecuados a la edad del estudiante con el ritmo, la pronunciación y la entonación pertinentes.
c) Iniciación a la transposición de textos a partir de la dramatización del texto teatral.
d) Dramatización de textos teatrales y de situaciones de la vida cotidiana.
e) Conocimiento e identificación con textos teatrales que describen situaciones de la vida no cotidianas.

Otros ítems de evaluación podrían ser concretados, pero nuestra propuesta de trabajo quiere ser práctica con objeto de lograr unos objetivos concretos a corto y largo plazo. En nuestro caso, los que hemos propuesto pueden ser sintetizados en uno que los abraza todos: la capacidad que tiene que desarrollar un estudiante en mostrar interés por la lectura, comprensión e interpretación del texto teatral en lengua castellana. Si se consigue despertar este interés, el trabajo hecho con el TIJ en el aula habrá sido una ocasión para disfrutar de un tipo de lectura muy gratificante y para comprender uno de los lenguajes más profundo que ha creado el ser humano: el teatro.

Referencias

Aguiar e Silva, V. M. (1980). *Competencia lingüística y competencia literaria.* Madrid: Gredos.

Colomer, T. (1995). La adquisición de la competencia literaria. *Textos de Didáctica de la Lengua y la Literatura*, 4, 8-22.

213

Dijk, T. A (1972). *Some aspects of text grammars. A study in Theoretical Linguistics and Poetics*. The Hague-Paris: Mouton.

OCDE (2001). La página web de esta Organización es http://www.oecd.org/home/0,3675,en_2649_201185_1_1_1_1_1,00.html

Reina Ruiz, C. (1998). El teatro infantil. *Innovación y Experiencias Educativas*, 15, 1-13.

Renoult, N.; Vialaret, C. (1998). *Dramatización infantil. Expresarse a través del teatro*. Madrid: Narcea.

Solé, I. (1992). *Estrategias de lectura*, Barcelona: Graó.

Solé, I. (2011). La construcció de la competència lectora: un llarg camí per a una competència complexa. *Debats d'Educació*, 24, 11-26.

Tejerina, I. (1994). *Dramatización y teatro infantil*. Madrid: Siglo XXI de España Editores.

Para profundizar

Mantovani, A.; Morales, R. I. (2003). *Juegos para un taller de teatro*. Morón de la Frontera: Proexdra.

Sampedro, L.; Trozzo, I. (2004). *Didáctica del teatro. Una didàctica para ensenyar teatro en los diez años de escolaridad obligatòria*. Mendoza: Instituto Nacional del Teatro.

Títulos actuales[40] españoles de TIJ para trabajar en la escuela

Adroher, S. (2008). *El Belén viviente*. Madrid: CCS, col. "Escena y Fiesta".

---

[40] Es imprescindible consultar la siguiente referencia bibliográfica para conocer el estado actual del TIJ en español: Muñoz Cáliz (2006).

Afán Muñoz, T. (2002). *El enigma del Doctor Mabuso*. Madrid: ASSITEJ-España.

Afán Muñoz, T. (2004). *Pim, pam, clown. (La guerra de los payasos)*. Madrid: ASSITEJ-España.

Andrés, J. C. (2006). *El último clown*, Il. Mila. Madrid: Ediciones de la Torre, col. Alba y Mayo.

Barat, J. R. (2004). *Guisantillo y la estrella de los deseos*. Valencia: Carena Editors, col. "Teatrillo en la Escuela".

Barat, J. R. (2005). *¡Chulipáchuli!*. Valencia: Carena Editors, col. "Teatrillo en la Escuela".

Baratz Dolz, J. R. y Núñez, T. (2007). *Una de indios*. Madrid: CCS, col. "Escena y Fiesta".

Bellidos Romano, N. (2004). *A veces, las apariencias engañan*. Madrid: CCS, col. "Escena y Fiesta".

Blanco Amor, E. (2002). (Dramaturgia de Begoña Muñoz), *Romance de Micomicón y Adhelala*. *Madrid*: ASSITEJ-España.

Botana Jorreto, C. (2009). A., *La pasión*. Madrid: CCS, col. "Escena y Fiesta".

Camacho, M. B. (2001). *Las andanzas de Don Quijote. Madrid*: CCS, col. "Escena y Fiesta".

Catalán, P. (2000). *El pepino que quería ser elefante*. Madrid: CCS, col. "Escena y Fiesta".

Catalán, P. (2000). *El rey desnudo*. Madrid: CCS, col. "Escena y Fiesta".

Cavero, S. (2002). *Colón y el pirata Barbarroja*. Madrid: CCS, col. "Escena y Fiesta".

Diego, M. de (2001). *La abuela de Fede y otras historias*. Madrid: Ediciones de la Torre.

Diego Pérez, M. de (2004). *Yo quiero ser joven*. Madrid: CCS, col. "Escena y Fiesta".

Díez Barrio, G. (2005). *El gabán del rey*. Madrid: CCS, col. "Galería del Unicornio".

Estalayo Martín, P. (2002). *Sueños y sonidos*. Madrid: CCS, col. "Galería del Unicornio".

Freire, J. M. (2008). *Y Don Quijote se hace actor*. Madrid: CCS, col. "Galería del Unicornio".

Fernández Rubí, M. García García, E. (2002). *Queridos abuelos*. Madrid: CCS, col. "Escena y Fiesta".

Fernández Villalba, C. (2005). *Dora, la hija del Sol*. Madrid: Anaya, col. "Sopa de Libros Teatro".

Franch Reche, A. (2004). *Tira-tira o La fábrica de tiras*. Madrid: Anaya, col. "Sopa de Libros Teatro".

Fuente Arjona, A. de la (2003). *Mi amigo Fremd habla raro*. Madrid: Ediciones de la Torre, col. "Alba y Mayo".

Fuertes, M. (2005). *El árbol de Navidad*. Madrid: CCS, col. "Escena y Fiesta".

Fuertes, M. (2005). *Los pequeños tamborileros. Dramatizaciones con ejercicios rítmico-musicales*. Madrid: CCS, col. "Escena y Fiesta".

García De Andrés, P. (2001). (a partir de la adaptación inglesa de Graham, C.), *Little red riding hood / Caperucita Roja* (Edición bilingüe inglés-español). Madrid: CCS, col. "Escena y Fiesta".

García de Andrés, P. (2002). *El gato con botas*. Madrid: CCS, col. "Escena y Fiesta".

García de Andrés, P. (2004). *Cuentos y fábulas*. Madrid: CCS, col. "Escena y Fiesta".

García de Andrés, P. (2007). *El ruiseñor y la rosa*. Madrid: CCS, col. "Escena y Fiesta".

García Domínguez, R. (2006). *Comotú*. Madrid: CCS, col. "Galería del Unicornio".

García Orellana, A. D. (2002). *Las cabezas de Seigin. Madrid*: ASSITEJ-España.

García Padrino, J,; Solana Pérez, L. (eds.) (2002). *Teatro de Pinocho*. Madrid: CCS, col. "Galería del Unicornio"

(Incluye: *La ley del pescado frito*, deMagda Donato, y *El príncipe no quiere ser niño*, de Antonio Robles).

García Sánchez, P. (2009). *La brujita solidaria*. Madrid: CCS, col. "Escena y Fiesta".

Gaviro Ponce, T. (2004). *Pelillos a la mar. La historia de Anita Pelosucio*. Madrid: ASSITEJ-España.

Gil Martínez, C. (2003). *¡Vaya lata de pirata!*. Madrid: CCS, col. "Escena y Fiesta".

Gómez Ojea, C. (2001). *La verdad de los cuentos*. Madrid: CCS, col. "Escena y Fiesta".

González Iglesias, M. T. (2002). *El mago de Oz*. Madrid: CCS, col. "Escena y Fiesta".

González Muñoz, I. (2002). *El planeta de la sonrisa*. Madrid: CCS, col. "Escena y Fiesta".

González Torices, J. (2003). *El retablo del rey Midas*. Madrid: CCS, col. "Galería del Unicornio".

González Torices, J. (2003). *La ciudad de Gaturguga*. Madrid: Anaya, col. "Sopa de Libros Teatro".

González Torices, J. (2005). *La abuela de los soldaditos de plomo*. Madrid: CCS, col. "Galería del Unicornio".

González Torices, J. (2009). *El león enjaulado*. Madrid: CCS, col. "Galería del Unicornio".

Gosálvez, M. del (2004). *Del cielo al portal*. Madrid: CCS, col. "Escena y Fiesta".

Iglesias, Maite G. (2002). *El Mago de Oz*. Madrid: CCS, col. "Escena y Fiesta".

Iriarte Ayúcar, M. P. (2002). *Los niños curiosos*. Madrid: CCS, col. "Escena y Fiesta".

Iriarte Ayúcar, M. P. (2003). *Un perro, un señor y una corbata*.

Iriarte Ayúcar, M. P. (2008). *Un dragón en el parque*. Madrid: CCS, col. "Escena y Fiesta".

Iso Soto, B.; A. Ruiz Aguirre (2009). *Musicalia*. Madrid: CCS, col. "Galería del Unicornio".

Jiménez, R. (2004). *La bella no durmiente*. Valencia: Carena Editors, col. "Teatrillo en la Escuela".

Jiménez, R. (2005). *La manzana*. Valencia: Carena Editors, col. "Teatrillo en la Escuela".

Lalana, F. (2004). *Se suspende la función*. Madrid: Anaya, Col. "Sopa de Libros Teatro".

Leyva, A. (2006). *Mía*. Madrid: ASSITEJ-España.

López Pereira, G. (2002) (adapt.). *El Cantar de Mío Cid*. Madrid: ASSITEJ-España.

López-Quesada, P. (2001). *El viaje de los reyes magos*. Madrid: CCS, col. "Escena y Fiesta".

López-Quesada, P. (2005). *La Navidad a Escena*. Madrid: CCS, col. "Escena y Fiesta".

Llamero, B. (2005). *Pindongo y la costurera de sueños*. Madrid: CCS, col. "Galería del Unicornio".

Martí, M.; Sanz, I. (2001). *Decorados y vestuario. ¿Eres tú el más fuerte? La caja de música*, Barcelona, Parramón, col. "¡A Escena!".

Martí, M.; Sanz, I. (2001). *Escenografía y maquillaje. El sastrecillo valiente. Las tres naranjas*, Barcelona: Parramón.

Martí, M.; Sanz, I. (2001), *Sombras chinescas y máscaras. La sal en el mar. El gato con botas*, Barcelona: Parramón.

MARTÍ, M.; SANZ, I. (2001). *Títeres y mimo. Los reyes del océano. El flautista de Hamelín*, Barcelona: Paramón.

Martí I Solsona, F. (2003). *Infancia de Jesús*. Madrid: CCS, col. "Escena y Fiesta".

Martí I Solsona, F. (2003). *Los hechos de los apóstoles*. Madrid: CCS, col. "Escena y Fiesta".

Martí I Solsona, F. (2004). *¡Resucitó!*. Madrid: CCS, col. "Escena y Fiesta".

Matilla, L. (2004). *Manzanas rojas*. Madrid: Anaya, col. "Sopa de Libros Teatro".

Matilla, L. (2005). *El hombre de las cien manos*. Madrid: ASSITEJ-España.

Montoro Alcubilla, M. P. (2002). *La estrella que se escapó del cielo*. Madrid: CCS, col. "Escena y Fiesta".

Morate Sánchez, A. (2006). *Voces unidas*. Madrid: CCS, col. "Escena y Fiesta".

Morate Sánchez, A. (2007). *Juan quiere tener miedo*. Madrid: CCS, col. "Escena y Fiesta".

Morate, A. (2009). *Alegorías*. Madrid: CCS, col. "Escena y Fiesta".

Muñoz Hidalgo, M. (2002). *Como reyes*. Madrid: CCS, col. "Galería del Unicornio".

Muñoz Hidalgo, M. (2003). *El salto de la gallina*. Madrid: CCS, col. "Galería del Unicornio".

Muñoz Hidalgo, M. (2008). *Momos en la Nochebuena*. Madrid: CCS, col. "Galería del Unicornio".

Navarro Ruiz, M, C. (2009). *Jaque al caballo*. Madrid: CCS, col. "Escena y Fiesta".

Obrero Tejero, S. (2003). *La princesa traviesa, Pedrito y un patito*. Madrid: CCS, col. "Escena y Fiesta".

Otero García, M. J.; Culebras Serrano, E. (2003). *No sé jugar al escondite*. Madrid: CCS, col. "Escena y Fiesta".

Pascual Ortiz, I. (2005). *Mascando ortigas*. Madrid: ASSITEJ-España.

Pinedo, M. de (2003). *Bayuba*. Madrid: CCS, col. "Escena y Fiesta".

Poza Esperón, B. (2001). *La Navidad de los cuentos*. Madrid: CCS, col. "Escena y Fiesta".

Poza Esperón, B. (2003). *Una cena angelical*. Madrid: CCS, col. "Escena y Fiesta".

Poza Esperón, B. (2004). *Margarita y el dragón*. Madrid: CCS, col. "Escena y Fiesta".

Poza Esperón, B. (2008). *El cordero del niño Jesús*. Madrid: CCS, col. "Escena y Fiesat".

Prado, D. del (2003). *La fiesta más bonita*. Madrid: CCS, col. "Escena y Fiesta".

Prado, D. del (2004). *¡Esto es de fábula!* Madrid: CCS, col. "Escena y Fiesta".

Rodríguez Pérez, R. (2007). *Sopahua*. Madrid: CCS, col. "Escena y Fiesta".

Rubio, J. C. (2006). *¿Dónde se esconden los sueños?* Madrid: CCS, col. "Galería del Unicornio".

Rubio Liniers, T. (2001). *Todo es teatro*. Madrid: CCS, col. "Escena y Fiesta".

Ruiz Carazo, J. (2003). *El gran traje: texto teatral para títeres y actriz*. Madrid: ASSITEJ-España.

Saint-Exupéry, Antoine de (2004). *El principito (Adaptación)*. Madrid: CCS, col. "Escena y Fiesta".

Sandín, M. (2001). *El hada desmemoriada*. Madrid: CCS, col. "Escena y Fiesta".

Serrano, A. (2000). *1,2,3. ¡Pon el mundo al revés!*. Madrid: Ediciones de la Torre, col. "Alba y Mayo", serie Teatro.

Solana Pérez, L. (2003). *Aires de juego*. Madrid: CCS, col. "Galería del Unicornio".

Soto Pajares, A. (2009). *El príncipe que se quería casar*. Madrid: CCS, col. "Galería del Unicornio".

Ubillos, G. (2003). *Los globos de abril*. Madrid: CCS, col. "Galería del Unicornio".

Veiga, J.; Martín, C.; Coll, J. (2003). *Los 3 mosqueteros buscando a Dartañán*. Madrid: ASSITEJ-España.

VV.AA. (2002). *Teatro Infantil*. Madrid: Asociación de Autores de Teatro (incluye: *La magia del teatro*, de Vicente Aranda Vizcaíno; *Pídeselo a las estrellas*, de José Manuel Arias; *El establo*, de Antonio Barroso; *¡Viva la gente!*, de Alfonso Horcas, y *El bocadillo*, de Farhad Lak).

VV.AA. (2002). *Teatro para niños*. Madrid: Asociación de Autores de Teatro (incluye: *La leyenda de la vieja amistad*, de Inmaculada Álvaro; *El sueño de niño*, de

Manuel Carcedo Sama; *Demasiado melodioso para un oso*, de Ignacio del Moral; *Lolita y el técnico facial*, de Alicia Guerra de Aranguiz; *Confabulación*, de Margarita Reiz, y *Tris Travel*, de Maxi Rodríguez).

VV.AA. (2002). *Teatro juvenil* . Madrid: Asociación de Autores de Teatro (incluye: *La última*, de Fernando Almena; *Agarrados en el aire*, de José Manuel Arias; *Los pájaros de Estinfalia se mueren de hambre*, de Miguel Cobaleda; *Mujeres con historia*, de Javier Gil, y *Me vuelvo a casa,* de Antonio Ruiz Negre).

VV.AA. (2002). *Teatro de títeres*. Madrid: Asociación de Autores de Teatro (incluye: *Melopeo y Cirilondia*, de Pedro Catalán; *El príncipe minúsculo*, de Fernando Almena; *Cuento del cuento inacabado*, de Jesús Domínguez, y *Los animalitos en el país de la felicidad*, de José Luis Karraskedo).

VV.AA. (2002). *Teatro musical*. Madrid: Asociación de Autores de Teatro (incluye: *Jimi-Jomo*, de Alfredo Castellón, y *Solimán y la reina de los pequeños*, de Santiago Martín).

Zamanillo, E. (2001). *La ramita de hierbabuena*. Madrid: ASSITEJ-España.

Zurro, A. (2003). *La caja de música*. Madrid: Anaya, col. "Sopa de Libros Teatro", núm. 3.

www.ingramcontent.com/pod-product-compliance
Lightning Source LLC
Chambersburg PA
CBHW032052080426
42733CB00006B/250